古典文獻研究輯刊

三七編

潘美月・杜潔祥 主編

第 **29** 冊

山海經存

〔清〕汪紱 注

劉朝飛 點校

國家圖書館出版品預行編目資料

山海經存／劉朝飛　點校 -- 初版 -- 新北市：花木蘭文化事
業有限公司，2023〔民112〕
目 2+200 面；19×26 公分
（古典文獻研究輯刊 三七編；第 29 冊）
ISBN 978-626-344-492-8（精裝）
1.CST：山海經 2.CST：注釋
011.08　　　　　　　　　　　　　　　　112010530

古典文獻研究輯刊
三七編　第二九冊　　　　　ISBN：978-626-344-492-8

山海經存

作　　者　劉朝飛（點校）
主　　編　潘美月、杜潔祥
總 編 輯　杜潔祥
副總編輯　楊嘉樂
編輯主任　許郁翎
編　　輯　張雅淋、潘玟靜　美術編輯　陳逸婷
出　　版　花木蘭文化事業有限公司
發 行 人　高小娟
聯絡地址　235 新北市中和區中安街七二號十三樓
　　　　　電話：02-2923-1455／傳真：02-2923-1452
網　　址　http://www.huamulan.tw 信箱 service@huamulans.com
印　　刷　普羅文化出版廣告事業
初　　版　2023 年 9 月
定　　價　三七編 58 冊（精裝）新台幣 150,000 元

山海經存

劉朝飛　點校

作者簡介

劉朝飛，1987 年生於河北南皮，獨立學者，曾出版點校本《山海經箋疏》(2019 年華東師範大學出版社)《李賀歌詩箋注》(2021 年中華書局)，又曾有學術隨筆集《志怪於常：山海經博物漫筆》(2020 年浙江古籍出版社)。

提　　要

　　《山海經存》是同時期另一部在別開生面的《山海經》注解本，注者汪紱拋開歷史上的繁多解讀，直指本經，使得其書清通可讀。同時汪紱又工於繪事，為此書繪製了大量精美的插圖。

感謝欒保群先生、梁風先生
為審訂此書稿

目次

整理說明

　　《山海經存》九卷，清汪紱（1692～1759）撰。汪紱，初名烜，字燦人，號雙池，江西婺源人。早年迫於生計，曾畫碗於景德鎮，為創作此《山海經存》之插圖打下基礎。汪氏治學宗法宋儒朱子，此於清代《山海經》研究者中獨樹一幟，故其書特色鮮明。

　　書名「山海經存」之「存」，大概取「存其可存」之意，猶方以智之「炮莊」（炮製《莊子》）。作者認為《山海經》荒誕之中也有可取之處，故有此題。卷首題「宣城劉景韓、長安趙展如中丞鑒定」，又書名「山海經存」後題「邑後學余家鼎謹署」。牌記題曰：「光緒二十又一年樅立雪齋原本上石。」

　　此書名為九卷，其實內容仍同通行本十八卷。其前五卷即為通行本前五卷，亦即《五臧山經》；其第六卷即通行本卷六至卷九，亦即《海外四經》；其第七卷即通行本卷十至卷十三，亦即《海內四經》；其卷八即通行本卷十四至卷十七，亦即《大荒四經》；其卷九即通行本卷十八，亦即《海內經》。

　　其書注文常不具名鈔改郭璞、楊慎等人之文，雖不便於考證源流，但反而因此清通可讀。內容亦以地理考證見長，從大處著眼，對《五臧山經》的每一組山，都有一個宏觀的判斷。

　　此書在作者生前並未廣泛流傳，其書稿存於弟子余元遴家，百十年後始由余家鼎與趙展如等募資印行，光緒二十一年（1895）樅立雪齋原本上石，是為此書唯一可知古本。故雖成書於畢沅《山海經新校正》之前，但面世於其後。又可惜印行時其書已不全，缺卷七與卷八（即通行本《海內外經》八卷），而以畢沅本之經文及郭注補之。

南皮劉朝飛識

楊慎注山海經序

　　《左傳》曰：昔夏氏之方有德也，遠方圖物，貢金九牧，鑄鼎象物，物物而為之備；使民知神奸，入山林不逢不若；魑魅魍魎，莫能逢之。此《山海經》之所緣始也。神禹既錫玄圭，以成水功，遂受舜禪，以家天下。於是乎收九牧之金以鑄鼎，鼎之象則取遠方之圖，山之奇、水之奇、草之奇、木之奇、禽之奇、獸之奇，說其形、著其生、別其性、分其類，其神奇殊彙、駭世驚聽者，或見或聞、或恆有、或時有、或不必有，皆一一書焉。蓋其經而可守者，具在《禹貢》；奇而不法者，則備在九鼎。九鼎既成，以觀萬國。同彼象而魏之，日使耳而目之、脫輶軒之使、重譯之貢，續有呈焉，固以為恆而不怪矣。此聖王明民牖俗之意也。夏后氏之世，雖曰尚忠，而文反過於成周。太史終古藏古今之圖，至桀棼黃圖，終古乃抱之以歸殷。又史官孔甲於黃帝姚姒盤盂之銘，皆緝之以為書。則九鼎之圖，其傳固出於終古、孔甲之流也，謂之曰《山海圖》，其文則謂之《山海經》。至秦而九鼎亡，然圖與經存。晉陶潛詩「流觀《山海圖》」，阮氏《七錄》有張僧繇《山海經圖》，可證已。今則經存而圖亡。後人因其義例而推廣之，益以秦漢郡縣地名。故讀者疑信相半，信者直以為禹益所著，既迷其元；而疑者遂斥為後人贋作詭譔，抑亦軋矣。漢劉歆《七畧》所上，其文古矣；晉郭璞注釋所序，其說多矣。此書之傳，二子之功與！但其著作之源，後學或忽，故著其說，附之簡端。

漢劉秀上山海經疏

　　侍中奉車都尉光祿大夫臣秀領校祕書言：校祕書太常屬臣望所校《山海經》，凡三十二篇，今定為一十八篇，已定。《山海經》者，出於唐虞之際。昔洪水洋溢，漫衍中國，民人失據，崎嶇於丘陵，巢於樹木。鯀既無功，而帝堯使禹繼之。禹乘四載，隨山刊木，奠高山大川。益與伯夷主驅禽獸，命山川，類草木，別水土。四岳佐之，以周四方，逮人跡之所希至，及舟輿之所罕到。內別五方之山，外分八方之海，紀其珍寶奇物異方之所生，水土草木禽獸昆蟲麟鳳之所止，禎祥之所隱，及四海之外，絕域之國，殊類之人。禹別九州，任土作貢；而益等類物善惡，著《山海經》。皆聖賢之遺事，古文之著明者也。其事質明有信。孝武皇帝時，嘗有獻異鳥者，食之百物，所不肯食。東方朔見之，言其鳥名，又言其所當食，如朔言。問朔何以知之，即《山海經》所出也。孝宣皇帝時，擊磻石於上郡，陷得石室，其中有反縛盜械人。時臣秀父向為諫議大夫，言此貳負之臣也。詔問何以知之，亦以《山經》對，其文曰：「貳負殺窫窳，帝乃梏之疏屬之山，桎其右足，反縛兩手。」上大驚。朝士由是多奇《山海經》者，文學大儒皆讀學以為奇。可以考禎祥變怪之物，見遠國異人之謠俗。故《易》曰：「言天下之至賾而不可亂也。」博物之君子，其可不惑焉。臣秀昧死謹上。

《山海經存》總目

婺源汪紱雙池釋

後學烏程盧葆辰子純、同邑程夢元瓞園、同邑戴彭景筠、同邑余家鼎彝伯，
同校字

山海經存卷之一

婺源汪紱雙池釋

後學烏程盧葆辰子純、同邑程夢元皞園、同邑戴彭景筠、同邑余家鼎彝伯，同校字

南山經第一所載大概皆南海以北大江以南之山川，凡三千五百四十七字。

南 1-1

南山經之首曰此六字疑後人所加，後倣此。誰山，其首曰招搖之山。言誰山之首別名招搖之山也。臨於西海之上。郭注云：在蜀伏山，山南之西頭濱西海也。案：蜀之西南未及濱海。多桂，《呂氏春秋》曰：招搖之桂。案：桂有數種，有葉似枇杷，長尺餘，廣數寸者，有葉似柿葉者，其皮甘辛而香，皆入藥用，所謂「肉桂」「菌桂」也。今出廣西桂林以西南及雲南蒙自及交趾國，甚珍貴。又有葉似凍青者，曰巖桂，即木犀也，中國皆有之。多金玉。今交廣多金玉。有草焉，其狀如韭而青華，其名曰祝餘，食之不飢。祝餘一作桂荼。此未詳何物。有木焉，其狀如穀而黑理，其花四照，其名曰迷穀，穀，構也，皮可作紙。其花四照，言光艷也。《離騷》曰：若木華赤，其光照地。若木亦桑類。穀亦似桑，不花而實，實似葚而大，色赤如花也。此蓋亦穀類，但黑理為異耳。佩之不迷。言服其花能明目也。有獸焉，其狀如禺而白耳，伏行人走，其名曰狌狌，食之善走。禺音寓。禺，似獼猴而大，赤目，長尾。或作牛，或作猴，皆非。伏行人走，其行則匍匐，其走則如人也。狌狌，能言之獸，音如小兒，今交廣封川山中有之。《曲禮》曰：猩猩能言，不離禽獸。猩猩即狌狌也。麗𪊨之水出焉，而西流注於海，其中多育沛，佩之無瘕疾。𪊨音几。育沛，未詳何物。瘕，腹中病塊也。麗𪊨之水，疑雲南麗川江，然

其水東南流,至交趾入海,非西流也。

南1-2

又東三百里,曰堂庭之山。堂一作常。此古人所圖,謂在山之東約三百里也。凡此道里及山名,今皆難以悉案。**多棪木,**棪,一名「速其」,子似柰而赤,可食。案,今林禽、蘋果之類。或以為即桃類,誤也。**多白猿,多黃金,**猿似猴而大,長臂長腳,便捷,善援木,常木栖。有黃黑二色,其聲哀嘯。今閩廣交雲深山中皆有之。而鮮白者,有明及國朝,蘇祿國嘗貢白猿,蓋交趾、占城、真臘、蘇祿諸國,皆有白猿,或近古堂庭地也。蘇祿在真臘南,真臘在占城南,占城在交趾西南,其國皆出黃金。**多水玉。**今水晶也。

南1-3

又東三百八十里,曰猨翼之山。其中多怪獸,水多怪魚,多白玉,多蝮虫,多怪蛇,多怪木,不可以上。虫,古虺字。怪者,不可名狀之意。今交廣海物多難名狀也。蝮虫,色如綬文,鼻上有針,一名反鼻,其喉能大能小,善吞,鼓其氣則頸大於首而區,俗謂之老鴉薄,最毒。不可以上,言險峻不可登也。

南1-4

又東三百七十里,曰杻陽之山。其陽多赤金,其陰多白金。《爾雅》云:山南為陽,山北為陰。赤金,銅也。白金,銀也。今雲桂之間產銀,所謂銀生洞朱提之地是也。朱提音殊匙。**有獸焉,其狀如馬而白首,其文如虎而赤尾,其音如謠,其名曰鹿蜀,佩之宜子孫。**佩,謂帶其皮尾。**怪水出焉,而東流注於憲翼之水,**今貴州有啞泉、毒泉,蓋怪水之類。其憲翼、稷翼,殆盤江歟?**其中多玄龜,其狀如龜而鳥首虺尾,其名曰旋龜,其音如判木,佩之不聾,可以為底。**山谷中有龜,其首如鷹,其尾如蛇,其名曰鷹鮑,與此相似,而未聞有聲。李時珍云:廣中玳瑁,人相取其甲,鳴聲振地,或此龜也。玳瑁亦龜類,其甲可飾器物,或此所謂可以為底者也。音如判木,如破木之聲也。

南1-5

又東三百里,曰柢山。柢音帝,又音帶。多水。無草木。有魚焉,其狀如牛,陵居,蛇尾,有翼,其羽在魼下,其音如留牛,其名曰鯥,冬死而夏生,食之無腫疾。魼音胠,一作脅。鯥音六。羽,謂翼也。魼,脅也,言其翼在脅下也。留牛,犁牛也,「留」「犁」音近而通用之。冬死夏生,蓋冬蟄如死也。腫,足病也。

南 1-6

又東四百里，曰亶爰之山。亶音蟬。多水，無草木，不可以上。有獸焉，其狀如貍而有髦，其名曰類，自為牝牡，食者不妒。「髦」或作「髮」，「類」或作「沛」。《莊子》云：類自為雌雄而化。李時珍云：見有作二十八宿圖者，其心月狐具雌雄二器。《離騷》有乘赤豹驂文貍之句，或此類也。或云：今貆豬亦自為雌雄。

南 1-7

又東三百里，曰基山。其陽多玉，其陰多怪石。廣之南及閩之澎壺島中皆多產異石。有獸焉，其狀如羊，九尾，四耳，其目在背，其名曰猼訑，佩之不畏。猼音博。訑音施，一作「陁」。佩之不畏，使人大膽也。有鳥焉，其狀如雞，而三首、六目、六足、三翼，其名曰鵸鵂，食之無臥。鵸音敞，鵂音孚。食之無臥，言使人少眠也。

南 1-8

又東三百里，曰青丘之山。見後《海外》青丘之國。《上林賦》云：田於青丘。其陽多玉，其陰多青雘。雘，胡屋反。青雘，黝屬。如今湖、貴間多石青、石綠也。有獸焉，其狀如狐而九尾，其音如嬰兒，能食人，食者不蠱。狐似犬而小前大後，本妖淫之獸，九尾之狐即其老而異者。南方間嘗有之，能變化男女而淫人以致死，故曰能食人。食者不蠱，食其肉能辟邪媚之惑也。有鳥焉，其狀如鳩，其音若呵，名曰灌灌，佩之不惑。「灌」一作「濩」。疑是呵呼器聲。嶺南多異鳩。英水出焉，南流注於即翼之澤，案：此蓋大庾嶺，南流之水入牂牁者也。其中多赤鱬，其狀如魚而人面，其音如鴛鴦，食之不疥。鱬音儒。曰如魚，則非魚也。此蓋亦蟲虫之類。

南 1-9

又東三百五十里，曰箕尾之山。其尾踆於東海，多沙石。踆，古蹲字，此南海濱極東之山也。踆於東海，臨海若蹲踞然也。東海，東南海，大約閩、廣之間。汸水出焉，而南流注於淯，其中多白玉。汸音芳。淯音育。此蓋潮、惠間之水也。淯，未詳，或當作海。

南 1-0

凡䧿山之首，自招搖之山以至箕尾之山，凡十山，二千九百五十里。此總上言之曰䧿山之首。自招搖以至箕尾，則是此十山，皆䧿山脈也。其曰又東若干里云云者，

道里皆未能悉考，蓋總可名雖山，約自今川南夜郎以東，凡五嶺山脈東南行海上者皆是，而山川古今異名，西南荒僻，是以難合耳。**其神狀皆鳥身而龍首。**其神之狀，蓋祭山之尸為此狀。如《周禮》方相氏蒙熊皮，黃金四目，執戈揚盾，及蔡邕謂祭蜡迎貓者為貓尸、迎虎者為虎尸之類是也。**其祠之禮毛，用一璋玉瘞，糈用稌米，一璧，稻米，白菅為席。**菅音姦。毛者，用牲擇選毛色也。《周禮》：陽祀用騂。此蓋騂牲也。《周禮》：以赤璋禮南方。璋，半圭也。瘞，埋之也。糈，祀神之米也。稌，稻也。「一璧稻米」四字疑衍。菅，茅也。

南 2-1

南次二經之首，曰柜山。西臨流黃，北望諸毗，東望長右。舊注云「皆山名」，而後有浮玉山東望諸毗，又以為水名。案，諸毗有二，大約皆澤名。此惟長右為山名耳。**英水出焉，西南流注於赤水，其中多白玉，多丹粟。**此又一英水，與青丘之英水同名者也。今貴州有赤水，北流入江。又，雲南之外亦有赤水，入河。丹粟，丹沙之細碎如粟者也，今湖之辰、沅、靖及貴州省皆出丹沙。柜山、英水，要當在沅、靖、貴、播、思、黎之間也。**有獸焉，其狀如㹠，有距，其音如狗吠，其名曰貍力，見則其縣多土功。**距，足爪也。**有鳥焉，其狀如鴟而人手，其音如痺，其名曰鴸，其鳴自號也，見則其縣多放士。**鴸音朱。「放」或作「效」。人手，謂其足如人之手也。其音如痺者，謂其音如有喉病也。或曰音如鴨鴉也。放士，放棄之士也。

南 2-2

東南四百五十里，曰長右之山。無草木，多水。此大約在長沙、辰、常數郡之間者。**有獸焉，其狀如禺而四耳，其名長右，其音如吟，見則郡縣大水。**以山出此獸，故遂以此獸名其山也。

南 2-3

又東三百四十里，曰堯光之山。其陽多玉，其陰多金。**有獸焉，其狀如人而彘鬣，穴居而冬蟄，其名曰猾褢，其音如斲木，見則縣有大繇。**猾音滑，褢音懷。繇音姚，繇役也。或曰其縣亂。

南 2-4

又東三百五十里，曰羽山。其下多水，其上多雨。無草木，多蝮虫。此羽山非殛鯀之羽山。殛鯀之羽山在淮北沂、海二州之間，此羽山當在南安、贛州之間也。

南2-5

又東三百七十里，曰瞿父之山。無草木，多金玉。瞿音劬，父音甫。據
下句餘之山擬之，則此殆三衢之間也。

南2-6

又東四百里，曰句餘之山。無草木，多金玉。《張氏地里志》云：在今會稽
餘姚縣南，句章縣北，故此二縣因此為名。今無句章縣，蓋此在剡、嵊之間也。然亦未敢的以
為據。

南2-7

又東五百里，曰浮玉之山。北望具區，東望諸毗。案：若自會稽以東則
甬上海濱矣，安得又千里而遙而後至會稽山也？此浮玉山北望具區，又苕水出其陰，然則在句
餘西北，非又東也。蓋此據所圖而言，又或作承羽山而言也。具區，今太湖，即《禹貢》「震澤」
也，在蘇州之西，常州之南，湖杭之北。又，以下苕水證之，則浮玉之山，今徽、嚴之南之山，
近瞿父之間者耳。或曰浮梁、玉山二縣以此得名。有獸焉，其狀如虎而牛尾，其音如
吠犬，其名曰彘，是食人。苕水出於其陰，北流注於具區，其中多鮆魚。
苕水出臨安北，北流入太湖。鮆魚形狹長而薄，長頭，小鱗，今太湖及浙江中皆有之。

南2-8

又東五百里，曰成山。四方而三壇，山形四方而三重，如人所築壇也。成，
重也。其上多金玉，其下多青雘。閑水出焉，而南流注於虖勺，其中多黃
金。「閑」一作「閬」，音涿。「南」一作「西」，疑是。虖音乎，「勺」一作「多」。豫章有三清
山，其水西流入於都陽湖。又新安，浙源，其水東南流為錢塘。此節若據南流之文，則成山為
浙源之山，而虖勺即錢塘。若以為西流，則成山蓋三清山或林歷山，皆是，而虖勺為都陽也。
又案：冀、幽有滹沱水，而《禮記》作「惡池」，《周禮》為幽州之浸，蓋川之深者，猶言汙池
也。此南方之汙池也。

南2-9

又東五百里，曰會稽之山。四方。會稽，南鎮也。今在紹興山陰縣南，上有禹
冢、井。案，此以為在浮玉、成山之東五百里則近是，若以為在句餘山之又東千五百里則不可。
蓋此約略記所見聞，非若《禹貢》有經有緯也。其上多金玉，其下多砆石。砆，砆砆
也，石似玉者。今處之青田，杭之昌化，皆出美石，可鐫圖章，然去會稽已遠矣。又，紹興出

砥石，可磨刀。**勺水出焉，而南流注於淏。**「勺」一作「多」。淏，古闃反。淏，水急
而大者。若以此勺水為上文之虖勺，則是錢塘江也。然紹郡之水多東北流，不南流注淏也。或
曰，淏，今台、處之水。

南2-10

又東五百里，曰夷山。無草木，多石。淏水出焉，而南流注於列塗。
建寧郡武夷山，山皆怪石成峯，而寡草木，其水東流會閩江，東南流入海，此或是也。然去會
稽山不止五百里，亦不在其東。或主上成山言，則約在其東南五百里，為近是也。

南2-11

又東五百里，曰僕句之山。其上多金玉，其下多草木。無鳥獸，無
水。句音鉤，或如字。又一作「夕」。

南2-12

又東五百里，曰咸陰之山。無草木，無水。

南2-13

又東四百里，曰洵山。其陽多金，其陰多玉。洵音詢，或作「旬」。有獸
焉，其狀如羊而無口，不可殺也，其名曰㺑。㺑音還，又音患。**洵水出焉，
而南流注於閼之澤，其中多茈蠃。**閼音遏。茈音紫。蠃，古螺字。茈螺，紫色之螺
也，閩地山澗中多有之。

南2-14

又東四百里，曰虖勺之山。其上多梓枏，其下多荊杞。梓，楸類，大葉
而材美，中琴瑟。枏，葉似桑，而木似杉，有文理，亦美材也。杞，枸杞也，叢生小葉，子赤
色，可服食。**滂水出焉，而東流注於海。**

南2-15

又東五百里，曰區吳之山。無草木，多砂石。麗水出焉，而南流注
於滂水。案：處州有麗水，南流入永嘉江，永嘉江東流經溫州入海。

南2-16

又東五百里，曰鹿吳之山。上無草木，多金石。澤更之水出焉，而

南流注於澒水。有獸焉，名曰蠱雕，其狀如雕而有角，其音如嬰兒之音，是食人。「蠱」或作「纂」。雕，大鷹也。或曰當作貂，亦通。

南 2-17

又東五百里，曰漆吳之山。無草木，多博石，無玉。處於海東，望丘山，其光載出載入，是惟日次。據江右兩浙之山名吳山者不一，此曰「處於海東」，則或今浙東海外普陀也。普陀山在海中，望見之而難至。博石，石可為博奕之基也。其光載出載入，以海外映日之光照之若戴此山而出沒於波濤中也。是惟日次，見日出時似於此山舍止也。然則此以上數山，蓋皆閩浙間山，如天台、雁宕、括蒼之類，所謂區吳者，即甌中也。

南 2-0

凡南次二經之首，自柜山至於漆吳之山，凡十七山，七千二百里。此經大約自湖南嶺北以及閩浙之山。凡所云又東者，鳥道盤錯，雜記之如是云爾。其神狀皆龍身而鳥首。其祠毛，用一璧瘞，糈用稌。

南 3-1

南次三經之首，曰天虞之山。其下多水，不可以上。

南 3-2

東五百里，曰禱過之山。其上多金玉，其下多犀兕，犀，似牝牛，豕首，庳足，足似象，有三蹄趾，大腹，黑色；三角一在頂上，一在額上，一在鼻上，鼻上者小而不墮，食角也；好食棘，口中常噴血沫。兕，亦犀類而一角，色青而大，有重千斤者。多象。象，形臃腫，高丈餘，多力，長鼻，以鼻用，其牙長一丈，性妒，不畜淫子。其膽不附肝，春在前左股，夏在前右股，秋在後右股，冬在後左股。今雲南、交趾皆畜之。有鳥焉，其狀如鵁而白首，三足，人面，其名曰瞿如，其鳴自號也。鵁音骹。「足」一作「手」。瞿音劬。號，平聲。鵁鶄似鳧而小，其足近尾。自號者，其鳴聲若曰瞿如，因以名之也。泿水出焉，而南流注於海，其中有虎蛟，其狀魚身而蛇尾，其音如鴛鴦，食者不腫，可以已痔。泿音銀。虎蛟，蓋今虎頭鯊之類，南海多有之。此二山蓋欽廉、交趾之間也。

南 3-3

又東五百里，曰丹穴之山。其上多金玉。丹水出焉，而南流注於渤

海。廣西南丹州有丹穴之山，絕壁高峭不可上，謂之鳳臺，土人云於其下嘗得鳳毛及所墮鳳卵，即此山也。但其下近右江，東流至廣東而後入海，非南流也。渤海，海之岐出者。山東之渤海，亦以岐出登、萊間故耳。此渤海非山東渤海也。舊注云「海崖曲崎頭也」。**有鳥焉，其狀如雞，五采而文，名曰鳳皇。首文曰德，翼文曰義，背文曰禮，膺文曰仁，腹文曰信。是鳥也，飲食自然，自歌自舞，見則天下安寧。**《廣雅》云：鳳鳥，雞頭、燕頷、蛇頸、龜背、鴻前、麟後、魚尾。雄曰鳳，雌曰皇。案：篆文「德」「義」「禮」「仁」「信」作「惪」「義」「豐」「仁」「𡴎」，故其文或有似之耳。

南 3-4

又東五百里，曰發爽之山。無草木，多水，多白猿。汎水出焉，而南流注於渤海。凡南海間水多南流。

南 3-5

又東四百里，至於旄山之尾。曰旄山之尾，則未及旄山。**其南有谷曰育遺，多怪鳥，凱風自是出。**「遺」一作「隧」，為是。凱風，南風也。蓋其谷北嚮，而風自谷出也。今衢州府江山縣南六十里曰峽口，有風自谷出，亦此類也，土人謂之龍風。

南 3-6

又東四百里，至於非山之首。曰非山之首，則未竟非山也。**其上多金玉，無水，其下多蝮虫。**

南 3-7

又東五百里，曰陽夾之山。無草木，多水。

南 3-8

又東五百里，曰灌湘之山。上多木，無草，多怪鳥，無獸。「灌湘」一作「灌湖射」。廣西全州之湘山，其水北流者曰湘水，北入洞庭，其南流者曰灌水，南流合牂牁，其源一而流分，有龍蟠三十六陡地名灌口，是即灌湘之山也。然自南丹州至全州無一千七百里，是知古人撮記，或鳥道盤廻也。

南 3-9

又東五百里，曰雞山。其上多金，其下多丹臒。黑水出焉，而南流

注於海，其中有鱄魚，其狀如鮒而彘毛，其音如豚，見則天下大旱。鱄音團。

南3-10

又東四百里，曰令丘之山。無草木，多火。山有出火者，如火井、硫磺山、溫泉之類皆是。或曰此燐光也。其南有谷焉，曰中谷，條風自是出。條風，東北風也。蓋其谷嚮西南。有鳥焉，其狀如梟，人面，四目而有耳，其名曰顒，魚容、魚居二反。其鳴自號也，見則天下大旱。

南3-11

又東三百七十里，曰侖者之山。其上多金玉，其下多青䨼。侖音論。有木焉，其狀如穀而赤理，其汗如漆，其味如飴，食者不飢，可以釋勞，其名曰白䓘，可以血玉。䓘音皋。䓘或作皋蘇。可以血玉，可用以染玉，使如血色也。

南3-12

又東五百八十里，曰禺藁之山。多怪獸，多大蛇。

南3-13

又東五百八十里，曰南禺之山。此蓋廣東之番山、禺山也，今廣州番禺縣。其上多金玉，其下多水。有穴焉，水春輒入，夏乃出，冬則閉。佐水出焉，而東南流注於海。有鳳皇、鵷鶵。鵷鶵亦鳳類。

南3-0

凡南次三經之首，自天虞之山以至南禺之山，凡一十四山，六千五百三十里。此又自雲、貴間行左右江至廣州海上之山也。其神皆鳥身而人面。其祠，皆一白狗祈，以祈福也。糈用稌。

南3-0-0

右南經之山志，大小凡四十山，萬六千三百八十里。

山海經存卷之二

婺源汪紱雙池釋

後學烏程盧葆辰子純、同邑程夢元瞫園、同邑戴彭景筠、同邑余家鼎彝伯，同校字

西山經第二

西 1-1

西山經華山之首，曰錢來之山。華山之首曰錢來之山，則是華山東頭別名錢來山。凡此附近者，實皆華山也。**其上多松，其下多洗石。**其石可澡洗器物，去衣垢也。晉張華遣雷煥以華山下赤土，使用以拭龍淵、太阿之劍，亦此類也。**有獸焉，其狀如羊而馬尾，名曰羬羊，其脂可以已臘。**羬音針。臘音昔。《爾雅》云：羊六尺為羬。又月氏國有大羊，如驢而馬尾，亦此羊也。臘，皮膚皴裂之病。

西 1-2

又西四十五里，曰松果之山。濩水出焉，北流注於渭，其中多銅。此銅出水中者。**有鳥焉，其名曰螐渠，其狀如山雞，黑身，赤足，可以已䐆。**螐音彤。䐆，匝駁反。即黑雉也。䐆，皮皺起之病。

西 1-3

又西六十里，曰太華之山。削成而四方，其高五千仞，其廣十里，鳥獸莫居。華，去聲，下同。此西嶽華山也，在今陝西華州華陰縣西南，山形上大下小。唐

—19—

詩云：三峯似削成。**有蛇焉，名曰肥蠵，六足四翼，見則天下大旱。**成湯時此蛇見於陽山云。

西 1-4

又西八十里，曰小華之山。即少華也。**其木多荊杞，其獸多㸲牛。**㸲音昨，山牛也，今華陰山中尚多。**其陰多磬石，其陽多㻬琈之玉。鳥多赤鷩，可以禦火。**㻬音樞，琈音孚，鷩音敝。鷩，華蟲也，胷腹明赤，其冠如金，背黃，頭綠，長尾，尾赤雜文，毛彩鮮盛，亦雉屬也，畜之可禦火災。**其草有萆荔，狀如烏韭，而生於石上，亦緣木而生，食之已心痛。**萆音痺。萆荔即薜荔也，一名石絡。烏韭，石上苔也。《本草》云：在屋曰昔邪，在牆曰垣衣，在石曰烏韭。然薜荔梗葉堅厚殊，不似烏韭，但其附木石而蔓衍荒掩同耳。此亦是處有之，今猶用治心痛。

西 1-5

又西八十里，曰符禺之山。**其陽多銅，其陰多鐵。其上有木焉，名曰文莖，其實如棗，可以已聾。其草多條，其狀如葵而赤華，黃實如嬰兒舌，食之使人不惑。**或云此即戎葵。**符禺之水出焉，而北流注於渭。其獸多蔥聾，其狀如羊而赤鬣。其鳥多鴖，其狀如翠而赤喙，可以禦火。**翠有二種，山翠大如鳩，青紺色，水翠小如燕，赤喙，丹腹，青羽，鮮好，短尾。此鴖鳥似山翠而赤喙也。

西 1-6

又西六十里，曰石脆之山。**其木多椶枏。**椶一名栟櫚，無枝，其葉如翜，葉聚於巔，其皮重重包裹，細如馬鬣，剝其皮可為簑衣。**其草多條，其狀如韭而白華黑實，食之已疥。**此草亦名條，異物而同名。**其陽多㻬琈之玉，其陰多銅。灌水出焉，而北流注於渭水，其中有流赭，**即今赭色。**以塗牛馬無病。**「渭」一作「禺」。

西 1-7

又西七十里，曰英山。**其上多杻橿。**杻，檍也，似棣而細葉，文理紐結。橿，堅木，材中鋤柄。**其陰多鐵，其陽多赤金。禺水出焉，北流注於招**音韶。**水，其中多鮭魚，其狀如鱉，其音如羊。**鮭音蚌。**其陽多箭䳜，**䳜音媚。漢中郡出䳜竹，厚裏而長節，根深，其筍冬生。箭，小竹名也。**其獸多㸲牛、羬羊。有鳥焉，**

其狀如鶉，黃身而赤喙，其名曰肥遺，食之已癘，可以殺蟲。鶉，狀如小雞，有赤鶉、玄鶉。此肥遺與前肥遺之蛇亦異物而同名也。癘，疫病也，或曰癩也，今麻瘋瘡也。

西 1-8

又西五十二里，曰竹山。其上多喬木，其陰多鐵。有草焉，其名曰黃雚，其狀如樗，其葉如麻，白華而赤實，其狀如赭，浴之已疥，又可以已腑。雚音權。樗音樞，山椿也。腑，腑腫疾也。竹水出焉，北流注於渭。其陽多竹箭，多蒼玉。丹水出焉，東南流注於洛水，其中多水玉，多人魚。似鯑魚，有四腳。有獸焉，其狀如豚而白，毛大如笄而黑端，名曰豪彘。今豪豬也，一名貆，又名鸞豬，其狀似豬，其腳如貍。以上八山，大約皆華山左右之山也，其水北流者入渭，南流者入洛。此山出蒼玉，蓋藍田間之山也。

西 1-9

又西百二十里，曰浮山。多盼木，枳葉而無傷，木蟲居之。盼，普莧反。枳，似橘，其木多刺。傷，木束刺也。無傷，言盼木無刺也。其樹多生蟲。有草焉，名曰薰草，麻葉而方莖，赤華而黑實，臭如蘼蕪，佩之可以已癘。薰草，蕙也。今謂之零陵香，以今零陵多出此草也。蓋昔浮山亦出之。蘼蕪，芎藭苗也，莖葉似芹而香。案：蕙、蘭同類，蘭莖圓，蕙莖方，葉皆似麻。自黃山谷以一幹一花而香有餘者為蘭，一幹數花而香不足者為蕙，遂使人不復知蘭、蕙矣。山谷所言，誤以山蘭花當蘭蕙也。此所述乃真蕙也。蘭，今都梁香也。朱子《離騷注》辨之甚悉。今人以五月五日佩諸香草以避邪穢，亦可以已癘之意。

西 1-10

又西七十里，曰羭次之山。漆水出焉，北流注於渭。羭音俞。此又一漆水，非「漆沮既從」之漆也。其上多棫橿，棫，白桵也，叢生，細葉，子如櫻桃，可食，其核仁入藥。其下多竹箭。其陰多赤銅，其陽多嬰垣之玉。垣，或作短，或作根，或作埋，其義未詳。有獸焉，其狀如禺而長臂善投，其名曰囂。此亦猿類也。投，擲也。自攀援投擲也。或曰以石擲人。有鳥焉，其狀如梟，人面而一足，曰橐𢸍，冬見夏蟄，服之不畏雷。「梟」或作「橐」。𢸍音肥。凡蟄類皆夏見冬蟄，此鳥獨冬見夏蟄，故服其毛羽，能不畏雷也。

西 1-11

又西百五十里，曰時山。無草木。逐水出焉，北流注於渭，其中多水玉。「逐」或作「遂」。

西 1-12

又西百七十里，曰南山。即終南山也。自隴左以東，訖武關，聯華山山脈，皆聯絡在關中之南，故曰終南。以上山多其別名而已。上多丹粟。丹水出焉，北流注於渭。獸多猛豹，「豹」或作「虎」。猛豹，似熊而小，亦似豹，淺毛，光澤，又名白豹，能食銅鐵，又謂之白澤，又謂之貘，貘即猛豹二字合音也，蜀中有之。此南山中有褒斜、子午諸谷，道皆通蜀，故亦有之也。鳥多尸鳩。「鳩」或作「丘」。鳲鳩，布穀也。

西 1-13

又西百八十里，曰大時之山。上多穀柞，柞，櫟也。下多杻橿。陰多銀，陽多白玉。涔水出焉，北流注於渭。清水出焉，南流注於漢水。褒斜谷中斜水北入渭，褒水南入漢。涔蓋斜，清蓋褒也。涔讀作潛，音與斜近。

西 1-14

又西三百二十里，曰嶓冢之山。嶓音婆。嶓冢在今漢中寧羌州西南。漢水出焉，而東南流注於沔。囂水出焉，北流注於湯水。沔音免。「湯」一作「陽」。漢有二源，東漢水出其北，西漢水出其南，至漢中沔縣而後合流。沔，漢上地也。舊指湖北沔陽州言，非也。囂水蓋西漢也，始出東北流而東合漢。《禹貢》「嶓冢導漾，東流為漢」，蓋「漾」「陽」音近而作「陽」，又誤作「湯」耳。其上多桃枝、鉤端，桃枝，竹名。鉤端，未詳。獸多犀、兕、熊、羆，羆，馬熊也，似熊而赤黃色，長頸，高腳，猛憨多力，能拔樹。鳥多白翰、赤鷩。白翰，白鷼也，一名白鵫，亦雉類。有草焉，其葉如蕙，其本如桔梗，黑華而不實，名曰蓇蓉，食之使人無子。蓇音骨。蕙即薰也。桔梗，葉如薺苨，花青碧色，形如鈴鐸。此蓇蓉則黑花也。《爾雅》曰：榮而不實謂之蓇。

西 1-15

又西三百五十里，曰天帝之山。上多椶枏，下多菅蕙。菅，白芒也。有獸焉，其狀如狗，名曰谿邊，席其皮者不蠱。「谿邊」一作「谷遺」。有鳥焉，其狀如鶉，黑文而赤翁，名曰櫟，食之已痔。翁音甕。翁，鳥頷下羽毛。有草焉，其狀如葵，其臭如蘼蕪，名曰杜衡，可以走馬，食之已癭。杜衡，今名馬蹄香，

其葉圓而缺後，形如馬蹄，其香味亂細辛，帶此草令人便馬，又治癭瘤也。或曰馬食之而健走也。

西 1-16

西南三百八十里，曰皋塗之山。薔水出焉，西流注於諸資之水。塗水出焉，南流注於集獲之水。蟠冢而西七百餘里，則西傾、岷山、松潘間矣。其間惟洮水北流，桓水、江水南流。此或中間別有小水。薔，讀作色。或作「蕒」，又作「菖」，訛誤難考。其陽多丹粟，其陰多銀、黃金。其上多桂木。岷、洮、松潘間皆出金。有白石焉，其名曰礜，可以毒鼠。礜，礬也。有草焉，其狀如藁茇，其葉如葵而赤背，名曰無條，可以毒鼠。藁茇，今藁本也，似川芎藭。無條，今紫背天葵。但天葵小草弱莖，不似藁本。有獸焉，其狀如鹿而白尾，馬足，人手，而四角，名曰㺌如。㺌，音嬰，馬足，人手，後兩足如馬，前兩足如人手也。有鳥焉，其狀如鴟而人足，名曰數斯，食之已癭。「癭」或作「癇」。

西 1-17

又西百八十里，曰黃山。無草木，多竹箭。盼水出焉，西流注於赤水，其中多玉。有獸焉，其狀如牛，而蒼黑大目，其名曰䣝。䣝音敏。有鳥焉，其狀如鴞，青羽、赤喙，人舌能言，名曰鸚鵡。鵡音武。鸚鵡，綠色，紅喙，紅足，足皆前後各兩趾，亦有赤者、白者，自隴以西及川西、扶南皆出之。《禮記》曰：鸚鵡能言，不離飛鳥。又，交中及南海有秦吉了，亦鸚鵡類也，五彩皆備。案：隴山，今鳳翔府西之隴州也，在蟠冢東北，非在西南，亦無盼水西流。此殆威茂以西塞外矣。舊以為黃山在始平槐里，漢惠帝起宮室處，非也。

西 1-18

又西二百里，曰翠山。其上多椶枏，其下多竹箭。其陽多黃金、玉，其陰多旄牛、麢、麝。旄牛一名犛牛，長毛尺許，尾背項膝毛尤長，可為旄纛之用，巴蜀西南多有之。麢，羚羊也，似羊而大，其角細而尖銳，好處巖石之上，夜宿則掛其角於木上以防患。麝，似麞而小，有懸牙，好食蛇，其臍有香，今漢中以西巴蜀山中皆有之。其鳥多鸓，其狀如鵲，赤黑而兩首四足，可以禦火。鸓音雷、壘。

西 1-19

又西二百五十里，曰䮷山。是錞於西海。無草木，多玉。䮷音隗。錞，猶蹲也。西荒去海甚遠，而西北凡瀦澤皆以海名，所謂西海者，殆如青海、蒲昌海、流沙之類。

淒水出焉，西流注於海，其中多采石、黃金，多丹粟。「淒」或作「浽」。淒水未詳。采石，石有彩色者。今蔥嶺之西古于闐國有水，中多玉及寶石。

西 1-0

凡西經之首，自錢來之山至於騩山，凡十九山，二千九百五十七里。華山，冢也，冢，猶「冢宰」「冢子」之冢，言以華山為宗也。其祠之禮太牢。三牲牛羊豕也。羭，山神也，言其山之神，羭也。羭，羊屬。祠之用燭，齊百日以百犧，瘞用百瑜，湯其酒百樽，嬰以百珪百璧。以上皆祠華岳之禮也。牲純色者為犧。「燭」一作「煬」。如庭燎之屬。牲純色曰犧。瑜，美玉。「湯」一作「溫」，謂熱其酒也。嬰以珪璧，環陳珪璧而祭之也。其餘十七山之屬皆毛牷，一羊祠之。自太華、少華而外十七山，其祠用一羊也。牲體具曰牷。燭者，百草之未灰。此更釋燭字，蓋以百草束為炬。未灰者，未經火化也。白蓆，采等純之。純音準。此復言祠神之席以白茅為席，而以五采等而緣之也。等，如玄蒼赤黃白黑之等。純，席緣也。

西 2-1

西次二經之首，曰鈐山。其上多銅，其下多玉，其木多杻橿。鈐音鉗。上西山經之首皆渭南之山，此《第二經》則渭北之山也。鈐山蓋荊山，「荊」「鈐」音近也。或作「冷」，或作「塗」，皆誤。

西 2-2

西二百里，曰泰冒之山。其陽多金，其陰多鐵。浴水出焉，東流注於河，其中多藻玉，多白蛇。「藻」或作「柬」，音練。案：「浴」字當作「洛」，蓋延、鄜之間有洛水東南流而入河也。「洛」亦作「雒」，今又雒川邑。藻玉，五彩之玉也。白蛇，生水中者也。

西 2-3

又西一百七十里，曰數歷之山。其上多黃金，其下多銀，其木多杻橿，其鳥多鸚鵡。楚水出焉，而南流注於渭，其中多白珠。此楚水當即沮水，乃漆沮之水也。

西 2-4

又西百五十里，曰高山。其上多銀，其下多青碧、雄黃，其木多椶，

其草多竹。涇水出焉,而東流注於渭,其中多磬石、青碧。「磬」或作「盤」。
涇水出今平涼涇川州西筓頭山,東流南曲至西安之高陵而入渭。然則,高山即朝那筓頭山也,
又名岍山。青碧,亦玉類。雄黃,出山中,亦丹類,可辟邪魅,又有雌黃。

西 2-5

西南三百里,曰女牀之山。其陽多赤銅,其陰多石涅,即礬石也。其
獸多虎、豹、犀、兕。有鳥焉,其狀如翟而五彩文,名曰鸞,見則天下
安寧。翟,雉也。鸞,亦鳳類。

西 2-6

又西二百里,曰龍首之山。其陽多黃金,其陰多鐵。苕水出焉,東
南流注於涇水,其中多美玉。

西 2-7

又西二百里,曰鹿臺之山。其上多白玉,其下多銀,其獸多炸牛、
羬羊、白豪。白毫即毫彘也。有鳥焉,其狀如雄雞而人面,名曰鳧徯,其名
自訆也,見則有兵。訆音叫。

西 2-8

西南二百里,曰鳥危之山。其陽多磬石,其陰多檀、楮,其中多女
牀。鳥危之水出焉,西流注於赤水,其中多丹粟。女牀,未詳何物。

西 2-9

又西四百里,曰小次之山。其上多白玉,其下多赤銅。有獸焉,其
狀如猿,而白首赤足,名曰朱厭,見則大兵。一作「見則有兵起焉」,一作「見
則為兵」。

西 2-10

又西三百里,曰大次之山。其陽多堊,其陰多碧,其獸多炸牛、麢
羊。堊音惡。堊,白土也。

西 2-11

又西四百里,曰薰吳之山。無草木,多金玉。

西 2-12

又西四百里,曰底陽之山。其木多㮨、枏、豫章,底音旨。㮨,木,似松,有刺,細理。豫,烏樟也,似樟而葉及木色皆青黑。章,赤樟、白樟也,木似楸,葉似樸,冬夏常青。其獸多犀、兕、虎、犳、㸳牛。犳,之藥反,一作「豹」。

西 2-13

又西二百五十里,曰眾獸之山。其上多㻬琈之玉,其下多檀楮,多黃金,其獸多犀兕。檀似槐,材堅韌。

西 2-14

又西五百里,曰皇人之山。其上多金玉,其下多青雄黃。青雄黃即雌黃也,或曰空青、曾青之屬。皇水出焉,西流注於赤水,其中多丹粟。此蓋踰河而西矣。今西寧,古之湟中也,但其水東流入河,惟其南有朋㧓之水西流亦入於河。

西 2-15

又西三百里,曰中皇之山。其上多黃金,其下多蕙棠。「蕙」或作「羔」。蓋沙棠之屬。

西 2-16

又西三百五十里,曰西皇之山。其陽多金,其陰多鐵,其獸多麋鹿、㸳牛。

西 2-17

又西三百五十里,曰萊山。其木多檀楮。其鳥多羅羅,是食人。羅羅,未詳其狀。

西 2-0

凡西次二經之首,自鈐山至於萊山,凡十七山,四千一百四十里。此自渭北以至湟中之西山也。其十神者,皆人面而馬身。自鈐山至大次十山。其七神,皆人面牛身,四足而一臂,操杖以行,是為飛獸之神,自薰吳以下七山也。飛獸之神,言行疾如飛也。其祠之毛,用少牢,羊豕二牲。白菅為席。此祠七神之禮。其十輩神者,其祠之毛,一雄雞,鈐而不糈,毛采。鈐,蓋所用祭器也。

或作「思」，猶祈也。不糈，祠不以米也。毛采，采色雞也。

西 3-1

西次三經之首，曰崇吾之山。在河之南。北望冢遂，南望䍃之澤，西望帝之搏獸之丘，東望螞淵。䍃音遙。「搏」或作「多」。螞，於虔反。崇吾，猶崇牙也，在今河之南，蓋今金城、莊浪之間，東連河套也。有木焉，圓葉而白拊，赤華而黑理，其實如枳，食之宜子孫。拊音孚。拊，花葉下蓴也。有獸焉，其狀如禺而文臂，豹虎而善投，名曰舉父。「舉」作「夸」。父音甫。有鳥焉，其狀如鳧而一翼一目，相得乃飛，名曰蠻蠻，見則天下大水。比翼鳥也。舊說其色青赤，《爾雅》謂之鶼鶼。但《爾雅》以為南荒之鳥，而此在西山，未知同異。

西 3-2

西北三百里，曰長沙之山。此蓋踰河而西北矣。或以為鳴沙之地，則鳴沙尚在河南。泚水出焉，北流注於泑水。無草木，多青雄黃。泚，子禮反。泑音黝。泑，黑也。河西涼州張液河流入黑水，有黑水出汾關山而西流入流沙，未知即此水否。

西 3-3

又西北三百七十里，曰不周之山。蓋山形有缺處，故名也。此即所謂共工氏頭觸不周山崩。舊說不周風自此山出。北望諸毗之山，臨彼嶽崇之山。東望泑澤，河水所潛也，其源渾渾泡泡。渾音袞，泡音咆。此書屢言諸毗，皆不一處。泑澤，舊說以為蒲昌海。渾渾泡泡，水涌起之貌也。案漢張騫使西域，謂河出崑崙，潛行地下，至蔥嶺，出于闐國，復分流歧出，合而東流注泑澤，已復潛行，南出於積石，乃入中國。此誤傳者也。唐薛元鼎使吐蕃，得河源於莫賀延積尾曰悶磨黎山，其山中高四下，所謂崑崙。河源澄澈，冬春可涉，下稍合流色赤，益遠他水并注乃濁。元至元十七年，都實求河源，得之於吐蕃朵甘思西南。有泉水百餘泓，沮洳散渙，其光如錫，不可逼視，方約七八十里，是為星宿海，西語謂之火敦腦兒。羣流奔輳，連匯二澤，曰可跋海，東流曰赤賓河，益東羣川合注，其浸遂大，乃名黃河，然水清可涉。又東流歧為九度河，乃合流益濁。自是經兩山峽間，至朵甘思東北有大雪山，即崑崙也，土名亦耳麻莫不剌山，自星宿海至此已三千餘里矣。崑崙山綿亙五百里，河隨山麓而東北流千餘里，有細黃河自西南來注之，又東北四五百里至貴德州，又四百餘里至積石，即《禹貢》「道河」所始處矣。河自發源至入中國，凡六千餘里，此為得其實，無潛行注泑澤復潛行而出積石山之說也。于闐國自有于闐河在蔥嶺西，東流注蒲昌海，沒於流沙耳。又案：蒲昌海在玉門陽關之西三百餘里，此不周山當在張掖、酒泉間，尚在玉門之內，其泑澤未是蒲

昌海也。西寧之西有青海，然謂河水所潛，亦誤矣。此書荒遠錯亂，不可盡據也。爰有嘉果，其實如桃，其葉如棗，黃華而赤拊，食之不勞。此數句用韻語。

西 3-4

又西北四百二十里，曰峚山。峚音密。其上多丹木，員葉而赤莖，黃華而赤實，其味如飴，食之不飢。丹水出焉，西流注於稷澤，案：此稷澤蓋《禹貢》雍州瀦野也，地志名休屠澤，在今涼州鎮蕃，古之姑藏也。魏大武北伐，謂姑藏城外泉湧如河，自餘溝渠流入澤中。休屠澤其間乃無燥地，是宜乃所謂稷澤者也。其中多白玉。是有玉膏，其源沸沸湯湯，黃帝是食是饗。沸音拂，又音費。湯音傷。言黃帝食此玉膏也。是生玄玉。言玉膏中又生玄玉。玉膏所出，以灌丹木，五歲，五色乃清，五味乃馨，言玉膏之用如此。黃帝乃取峚山之玉榮，而投之鍾山之陽。言黃帝取此玉膏之華，別種於鍾山之南也。瑾瑜之玉為良，堅栗精密，濁澤而有光。五色發作，以和柔剛。天地鬼神，是食是享。君子服之，以禦不祥。此言所種之玉也。瑾瑜，美玉名。濁澤，潤澤也。古人以圭璧享鬼神，君子佩玉以比德。于闐國有綠玉河、玄玉河、白玉河，皆出美玉。又，北方翰海中出玉，謂之翰玉。玉之美者如羊脂。但皆與此道里不合。或古者甘、涼之間亦出之也。自峚山至於鍾山，四百六十里，其間盡澤也，蓋即稷澤。是多奇鳥怪獸奇魚，皆異物焉。

西 3-5

又西北四百二十里，曰鍾山。其子曰鼓，其狀如人面而龍身。蓋鍾氏之君之子也。曰如人面而龍身者，蓋其身體手足夭矯有似於龍耳。是與欽䲹殺葆江於崑崙之陽，帝乃戮之鍾山之東曰瑤崖。䲹音邳。「葆」一作「祖」，「瑤」一作「崌」。欽䲹、葆江，蓋皆當時諸侯，以爭奪相殺，而帝戮之也。欽䲹化為大鶚，其狀如鵰而黑文，白首赤喙而虎爪，其音如晨鵠，鶚音鄂。鵠音哭。鶚，鵰屬。晨鵠亦鷹屬，晨風也。見則有大兵。鼓亦化為鵕鳥，其狀如鴟，赤足而直喙，黃文而白首，其音如鵠，見則其邑大旱。鵕音俊。鴟，梟類也。凡梟類鉤喙，此直喙為異也。言黃帝殺此二人，而此二人各化為鳥，如鯀化黃熊之說也。

西 3-6

又西百八十里，曰泰器之山。觀水出焉，西流注於流沙。甘肅合黎河、黑水河皆入流沙。是多文鰩魚，狀如鯉魚，魚身而鳥翼，蒼文而白首赤喙，

常行西海，遊於東海，以夜飛，其音如鸞雞，其味酸甘，食之已狂，見則天下大穰。鮨音遙。「鸞」或作「欒」。今東海亦有飛魚。鸞雞，即鸞也。

西 3-7

又西三百二十里，曰槐江之山。丘時之水出焉，而北流注於泑水，其中多蠃母。蠃即螺字。其上多青雄黃，多藏琅玕、黃金、玉。雍州貢球琳琅玕。琅玕，玉石似珠者。其陽多丹粟，其陰多采、黃金、銀。采，亦丹青之屬。實惟帝之平圃，《穆天子傳》云：穆王升春山，以望四野，曰：「鍾山，是惟天下之高山也。」天子五日觀於鍾山，乃為銘迹於玄圃之上，以詔後世。舊說春山即前鍾山，玄圃即此平圃。神英招司之，其狀馬身而人面，虎文而鳥翼，徇於四海，其音如榴。招音韶。「榴」或作「籀」。南望崑崙，其光熊熊，其氣魂魂。西望大澤，后稷所潛也，謂后稷為此澤之神也。此又一澤，亦名稷澤也。其中多玉，其陰多搖木之有若。此澤中所生也。舊說，搖，大木也。大木之奇美者為若。《尸子》曰：搖木不生花也。北望諸毗，槐鬼離侖居之，言此鬼居諸毗中也。鷹鸇之所宅也。亦宅於諸毗也。東望恆山四成，有窮鬼居之。有窮之鬼居此恆山也。《淮南子》云：弱水出窮石山。《括地志》云：蘭門山一名合黎，一名窮石山。此恆山或指此也。各在一搏。搏，猶脅也，言南望崑崙，西望大澤，北望諸毗，東望恆山，各在一脅也。爰有淈水，其清洛洛。淈音遙，非「淫」字也。有天神焉，其狀如牛而八足，二首，馬尾，其音如勃皇，見則其邑有兵。此又槐江山淈水中之神也。勃皇二字未詳其義。

西 3-8

西南四百里，曰崑崙之山。是實惟帝之下都，傳記所謂崑崙皆無定所。《水經》謂崑崙去中嶽五萬里，此妄說矣。《穆天子傳》謂自宗周至崑崙八千一百里，亦為已遠。據此，則自崇吾之山至此二千餘里耳。乃漢張騫、呂英、班勇輩俱不能得其真，何也？今案：肅州南有山名崑崙。《晉書·張駿傳》：大守馬岌為涼州太守，言西王母所居石室玉堂珠璣鏤飾尚存，而《莊》《騷》皆謂崑崙為西王母所居，是則此崑崙乃肅州之南山，非河源崑崙也。然此章又云河水、赤水、洋水、黑水皆出於此，是亦訛傳而附會矣。《穆天子傳》云：吉日辛酉，天子升於崑崙之丘，以觀黃帝之宮，而封豐隆之山，以詔後世。但又據此篇。則西王母居蠃母、玉山，又去此尚一千三百里也。神陸吾司之，其神狀虎身而九尾，人面而虎爪，是神也司天之九部及帝之囿時。言此神主九州部界及天帝園囿時節先後也。有獸焉，其狀如羊而四角，名曰土螻，是食人。有鳥焉，其狀如蜂，大如鴛

鳶，名曰欽原，蠚鳥獸則死，蠚木則枯。蠚音妻。「欽」或作「爰」。蠚螫同音釋。據所言則大蠚也，以其羽蟲之屬故謂之鳥。**有鳥焉，其名曰鶉鳥，是司帝之百服。**「服」一作「藏」。服，事也。**有木焉，其狀如棠，黃華赤實，其味如李而無核，名曰沙棠，可以禦水，食之使人不溺。**棠，棃也。沙棠蓋亦棃之異種耳。禦水使人不溺，舊說使人體浮輕也，又云其木為舟不沈也。古《銘》云：安得沙棠，刻以為舟；沈彼滄海，以邀以遊。李白詩云：木蘭之枻沙棠舟。然據此文則據其實言可以禦水腫之疾，且使人不多小便耳。溺，當讀去聲也。**有草焉，名曰薲草，其狀如葵，其味如蔥，食之已勞。**薲音頻。此即蘋也，俗名田字草，以四葉同拊，中折如田字也。是處田澤有之，何必崑崙？而《呂氏春秋》云：菜之美者，崑崙之蘋。**河水出焉，而南流東注於無達。**無達，澤名也。舊說河出其東北隅。河源在崑崙西南尚甚遠，此附會也。且河非南流，此據肅州之崑崙，則若見河在其南而東流耳。乃注又云河出其東北隅，益之附會矣。**赤水出焉，而東南流注於氾天之水。洋水出焉，而西南流注於醜塗之水。**此二水蓋皆其南流入江之水耳。舊說赤水出其東南隅，洋水出其西北隅。「洋」一作「清」。**黑水出焉，而西流於大杅。**西檄黑水不一。《禹貢》「道黑水至於三危，入於南海」，而雍、梁二州皆西界。黑水，《漢志》以為出犍為之汾關。唐樊綽以麗水為黑水，程泰之以西洱河為黑水，此皆於入南海之文為合，而疑其不及雍西之境。《水經》云：黑水出張掖雞山，南至燉煌過三危，入於南海。案：今肅州西有黑水，其北雞山亦名汾關，西流入流沙。此則在雍西，而又不見其入南海。又，平涼、寧夏皆有黑水，則皆入河。黑水終難的指矣。李元冰則以瀾滄江為黑水。游子六謂黑水既入流沙，則潛行南匯可跋海而流為麗江。瀾滄乃南經雲南至交趾入海，亦未知果否也。要之，以為張掖之黑水則與崑崙無與焉，若以為黑水出崑崙則於可跋海瀾滄江之說為近，而此崑崙之形勢道里則皆不合，是多附會也。**是多怪鳥獸。**

西 3-9

又西三百七十里，曰樂游之山。桃水出焉，西流注於稷澤，是多白玉，其中多𩵖魚，其狀如蛇而四足，是食魚。臨洮有洮水，然東北入河，非此水也。𩵖魚似鮎，腹下赤，前足如人足，後足如黿足，多產於西流之水。

西 3-10

西水行四百里，曰流沙，二百里至於蠃母之山。神長乘司之，是天之九德也，其神狀如人而豹尾。其上多玉，其下多青石而無水。豹，之藥反。

西 3-11

又西三百五十里，曰玉山。是西王母所居也。《穆天子傳》謂之羣玉之山，豈西王母實都此山而別宮在崑崙歟？《傳》曰：是其山河無險，四徹中繩，先王之所謂策府，寡草木，無鳥獸，天子於是攻其玉石，載玉萬隻以歸。案：此越流沙以西，又多寶玉如此，正似于闐國境。**西王母，其狀如人，豹尾虎齒而善嘯，蓬髮戴勝，是司天之厲及五殘。**案：西北地寒，人多戴貂皮於首，因以為飾。此豹尾或亦此類，未必人而生尾也。《竹書紀年》：穆王五十七年，西王母來見，賓於昭宮。又，舜時西王母使人獻玉環。《禹貢》有崑崙貢織皮。蓋西王母者，崑崙之君長而女主，亦西戎之國也。後世援引以為神仙，誤矣。司天之厲及五殘，言司其政刑也。○《穆天子傳》曰：吉日甲子，天子賓於西王母，執玄圭白璧以見西王母，獻錦組百純，金玉百斤，西王母再拜受之。乙丑，天子觴西王母於瑤池之上，西王母為天子謠曰：「白雲在天，山陵自出。道里悠遠，山川間之。將子無死，尚復能來。」天子荅之曰：「予還東土，和理諸夏。萬民均平，吾顧見汝。比及三年，將復而野。」西王母又為天子吟曰：「徂彼西土，爰居其所。虎豹為羣，烏鵲與處。嘉命不遷，我惟帝女。彼何世民，又將去子。吹笙鼓簧，中心翱翔。世民之子，惟天之望。」天子遂驅，升於奄山，乃紀迹於奄山之石，而樹之槐，眉曰「西王母之山」。**有獸焉，其狀如犬而豹文，其角如牛，其名曰狡，其音如吠犬，見則其國大穰。**「牛」一作「羊」。晉太康七年，邵陵扶夷縣檻得一獸，狀如豹，文而有二角，無前足，時人以為狡，殆未是也。**有鳥焉，其狀如翟而赤，名曰胜遇，是食魚，其音如錄，見則其國大水。**胜音姓。音如錄，未詳。觀兩言「其國」，則西王母為其國之君可知矣。

西 3-12

又西四百八十里，曰軒轅之丘。無草木。洵水出焉，南流注於黑水，其中多丹粟，多青雄黃。

西 3-13

又西三百里，曰積石之山。其下有石門，河水冒以西流。是山也，萬物無不有焉。案：《禹貢》「道河積石」積石山在今河州之西，河至此乃東入中國。其在河源崑崙之東北約二千里，在肅州南山崑崙之東亦千有餘里，而此乃云在崑崙西二千有餘里，何也？以為西方又有積石，而非河州之積石，則此又云有石門，河水冒以西流矣。若謂道里不可馮，此蓋崇吾之又西耳，則此冒以西流之西字亦誤矣。抑或多錯簡訛字歟？

西 3-14

又西二百里，曰長留之山。其神白帝少昊居之。少昊安得遠居於此？蓋少昊以金德王，號金天氏，而後世祭四方以少昊配，乃祭之於此山耳。其獸皆文尾，其鳥皆文首。「文」或作「長」。是多文玉石。實惟員神磈氏之宮。是神也，主司反景。磈音隗。景影同。反景，日入而反照也。司反景，猶「寅餞內日」耳。

西 3-15

又西二百八十里，曰章莪之山。無草木，多瑤碧。所為甚怪。言多生怪物也。有獸焉，其狀如赤豹，五尾，一角，其音如擊石，其名曰猙。猙音靜。有鳥焉，其狀如鶴，一足，赤文青質而白喙，名曰畢方，其鳴自訆也，見則其邑有訛火。訛火，妖火也。

西 3-16

又西三百里，曰陰山。濁浴之水出焉，而南流注於蕃澤，其中多文貝。貝，介蟲，古人以其背為貨。有獸焉，其狀如貍而白首，名曰天狗，其音如榴榴，可以禦凶。「貍」或作「豹」。「榴」或作「貓」。陰山，北山也，今在套北。

西 3-17

又西二百里，曰符惕之山。惕音傷，或作「陽」。其上多椶枏，下多金玉。神江疑居之。是山也，多怪雨，風雲之所出也。

西 3-18

又西二百二十里，曰三危之山。三青鳥居之。是山也，廣員百里。三危山為說不一。《漢西羌傳》注云：三危在沙州燉煌縣東南，山有三峯，故曰三危。《書‧禹貢》：三危既宅，三苗丕敘。又：道黑水至於三危，入於南海。而今沙州南之三危與黑水遠不相及。樊綽云：今麗水即黑水，三危臨峙其上。此即在川西。雲南之北有洮、岷以西南有三危山，山下皆羌蕃及宕昌苗獠所居，當是舜竄三苗處也。然此三危近陰山、天山之間，即是燉煌之三危也。其上有獸焉，其狀如牛，白身四角，其毫如披蓑，其名曰獙狷，是食人。蓑音莎，獙音傲，狷音因。有鳥焉，一首而三身，其狀如鷩，其名曰鴟。鴟，似鷩，黑文，赤頸。此下舊有「扶獸則死，扶木則枯」，或云此在上「欽原」下者，脫錯在此，故刪之。案：《穆天子傳》及《竹書》云：穆王西征，至於青鳥所解。此云三青鳥居之，《外篇》又云三青鳥王母所使，則此山去崑崙、羣玉之山道里應不遠，是燉煌三危也。

西 3-19

又西一百九十里，曰騩山。其上多玉而無石。神耆童居之。見《外篇》。
老童，顓頊氏之子。其音常如鐘磬。此言山常聞有聲如鐘磬也。其下多積蛇。

西 3-20

又西三百五十里，曰天山。天山又名祁連山，在涼州之北。凡此大概皆河西四郡
之間之山川耳。非必崑崙之西數千里也。亦猶《南山經》會稽山已頻東海，而其下紀浙閩間山
又皆曰又東也。多金玉，有青雄黃。英水出焉，而西流注於湯谷。溫泉也。有
神鳥，其狀如革囊，赤如丹火，六足四翼，渾敦無面目，是識歌舞，實
惟帝江也。渾敦即混沌，又名帝江也。

西 3-21

又西二百九十里，曰泑山。泑音黝。神蓐收居之。西方金神也，詳見後。其
上多嬰短之玉，未詳。其陽多瑾瑜之玉，其陰多青雄黃。是山也，西望日
之所入，其氣員，神紅光之所司也。員字下當重一字，謂其氣員員焉，渾圓之狀也。
神紅光，未詳其狀。

西 3-22

西水行百里，至於翼望之山。或作土翠山。無草木，多金玉。有獸焉，
其狀如貍，一目而三尾，名曰讙，其音如奪百聲，郭云：言其能作百種物聲也。
或云，「奪百」，物名。是可以禦凶，服之已癉。黃癉病也。有鳥焉，其狀如烏，
三首六尾而善笑，名曰鵸鵌，服之使人不厭，又可以禦凶。鵸音猗，鵌音
餘。「厭」當作「魘」，夢魘也。

西 3-0

凡西次三經之首，崇吾之山至於翼望之山，凡二十三山，六千七百
四十四里。其神狀皆羊身人面，其祠之禮，用一吉玉瘞，糈用稷米。此
三經之山大署在金城以西，張掖、酒泉、燉煌以極於回紇、土番之境之山也。

西 4-1

西次四經之首，曰陰山。此陰山當在上郡延、綏之間，非漢逐匈奴所得之陰山也。
上多穀，無石，其草多茆蕃。郭云：茆，鳧葵也；蕃，青蕃也，似莎而大。案：鳧葵，

蓴也，生於水澤，不生於山。此或當作「茅」，古字借用耳。莎，香附苗也。此青蕃似莎而大，蓋三稜也。**陰水出焉，西流注於洛。**此河西上郡之雒，今在延安府洛川是也，非河南伊洛之洛也。

西 4-2

北五十里，曰勞山。多茈草。茈紫同。即今紫草，可以染紫。**弱水出焉，而西流注於洛。**此弱水亦綏延間水，非入於流沙之弱水。

西 4-3

西五十里，曰罷父之山。洱水出焉，洱音耳。而西流注於洛，其中多茈碧。

西 4-4

北百七十里，曰申山。其上多穀柞，其下多杻橿。其陽多金玉。區水出焉，而東流注於河。

西 4-5

北二百里，曰鳥山。其上多桑，其下多楮。楮亦穀也。其陰多鐵，其陽多玉。辱水出焉，而東流注於河。

西 4-6

又北百二十里，曰上申之山。上無草木而多硌石，石磊落然也。其木多榛楛。榛似栗而小。楛，赤荊也，可為矢笴。獸多白鹿。其鳥多當扈，其狀如雉，以其髯飛，食之不眴目。「扈」或作「戶」。眴音眩。髯，咽下須毛也。眴目，迷也。**湯水出焉，東流注於河。**

西 4-7

又北百八十里，曰諸次之山。諸次之水出焉，而東流注於河。是山也，多木，無草，鳥獸莫居，是多眾蛇。

西 4-8

又北百八十里，曰號山。其木多漆椶，其草多藥虈、芎藭。藥虈，白芷也。舊注分而二之，未是。芎藭，江蘺也。此今所謂西芎是也。**多汵石。**汵音金，未詳。

端水出焉，而東流注於河。

西 4-9

又西二百二十里，曰盂山。其陰多鐵，其陽多銅。其獸多白狼、白虎，其鳥多白雉、白翟。翟亦雉類而長尾。生水出焉，而東流注於河。此山川大抵自延安迤北以及綏德、米脂、榆林、河套之間，極圁、夏、豐、勝之境。其水多東南流以入於河，而古今異名難考。

西 4-10

西二百五十里，曰白於之山。上多松柏，下多櫟檀。其獸多㸲牛、羬羊，其鳥多鴞。鴞，似鳩而色青綠，此今之苦鳥。洛水出於其陽，而東流注於渭。洛即雒也，雒即《禹貢》之漆沮也。古漆沮二水合流入渭，今則至鄜州而東流入河，不入渭矣。此古今水道所以難考也。此白於山當在今上郡、北地之間，入慶陽府界。夾水出於其陰，東流注於生水。

西 4-11

西北三百里，曰申首之山。申山、上申、申首，大抵山脈相連，而此申山之首也。無草木，冬夏有雪。申水出於其上，潛於其下。是多白玉。

西 4-12

又西五十五里，曰涇谷之山。涇水出焉，東南流注於渭。涇水出平涼涇州南岍頭山，然則此涇谷即郁郅長垣也。是多白金、白玉。此章或無「之山」二字。

西 4-13

又西百二十里，曰剛山。多柒木。柒即漆字。多㻬琈之玉。剛水出焉，北流注於渭。此山皆在渭北，不得云北流注渭。或「渭」當作「涇」，不則「北」當作「南」也。是多神䰠，其狀人面獸身，一足一手，其音如欽。䰠，恥回反。欽作吟。神䰠亦魑魅之類，俗所謂獨腳山魈。

西 4-14

又西二百里，至剛山之尾。洛水出焉，而北流注於河，此又別一洛水，蓋今固原靈州之間北流入河者，如韋川之類也。其中多蠻蠻，其狀鼠身而鱉首，其音如吠犬。

西 4-15

又西三百五十里，曰英鞮之山。上多漆木，下多金玉。鳥獸盡白。浼水出焉，而北注於陵羊之澤。浼音冤。是多冉遺之魚，魚身，蛇首，六足，其目如馬耳，食之使人不眯，可以禦凶。

西 4-16

又西三百里，曰中曲之山。其陽多玉，其陰多雄黃、白玉及金。有獸焉，其狀如馬而白身，黑尾，一角，虎牙爪，音如鼓音，其名曰駮，是食虎豹，《爾雅》亦云駮馬鋸牙食虎豹，然不言有角及虎爪也。可以禦兵。有木焉，其狀如棠而員葉赤實，實大如木瓜，名曰櫰木，食之多力。櫰音懷，棠棃也。此櫰木蓋亦棃屬。案：槐之黑色者曰櫰，而此木又名櫰，此草木所以難言也。

西 4-17

又西二百六十里，曰邽山。此即秦州之上邽地也。其上有獸焉，其狀如牛，蝟毛，名曰窮奇，音如獆狗，是食人。或又云似虎而蝟毛有翼，未知孰的。濛水出焉，南流注於洋水，其中多黃貝、貝，甲蟲，肉如科斗，其貝殼有錦文而光澤，有黃白紫黑數種，大小不一，古人用其背以為貨通買賣。嬴魚，魚身而鳥翼，音如鴛鴦，見則其邑大水。嬴音螺，又音裸。

西 4-18

又西二百二十里，曰鳥鼠同穴之山。山在今臨洮府渭源縣西南。舊說其山有鳥鼠同穴而居，鳥名曰鵌，似燕而色黃，鼠名鼵，鼵如人家鼠而短尾，穴地入數尺，鼠在內鳥在外而共處。然此書記異而不詳其說，未知何如也。蔡九峯《書傳》則嘗闕其說，而明岳正又云嘗親見之。詳見外篇。其上多白虎、白玉。渭水出焉，而東流注於河，經鞏昌、秦隴、鳳翔、西安，至華州華陰縣東入河。其中多鰠魚，其狀如鱣魚，動則其邑有大兵。鱣魚，鰉魚也，口在頷下，其背有連甲，其大數百斤。濫水出於其西，西流注於漢水，濫音檻。多𩶯魮之魚，其狀如覆銚，鳥首而魚翼魚尾，音如磬石之聲，是生珠玉。𩶯音如，魮音毗。

西 4-19

西南三百六十里，曰崦嵫之山。崦音奄，嵫音茲。其上多丹木，其葉如穀，其實大如瓜，赤符而黑理，食之已癉，可以禦火。其陽多龜，其陰

多玉。苕水出焉，而西流注於海。「苕」一作「若」。此則當踰河而西矣，蓋亦在西寧、湟中之境，其海則青海之類也。其中多砥礪。砥礪皆磨石，砥細而礪粗。有獸焉，其狀馬身而鳥翼，人面，蛇尾，是好舉人，好抱而舉之。名曰孰湖。亦作「執胡」。有鳥焉，其狀如鴞而人面，蜼身犬尾，其名自號也，見則其邑大旱。蜼音遺。號平聲。蜼，猿屬，猱也，善援木，仰鼻，歧尾。此鳥蓋亦梟類。然言其名自號，而不著其名，蓋偶有遺字也。「名」當作「鳴」。「號」一作「詨」，「詨」亦號也。

西 4-0

凡西次四經，自陰山以下至於崦嵫之山，凡十九山，三千六百八十里。此條大抵自河西上郡北行至朔方、河套，乃西折行北地、扶風、隴山之北，經秦鞏、臨洮，又折而西南，踰河、岷，抵西蕃之境，與前第二經相並而行，故川流亦多相似重複。其神祠禮，皆用一白雞祈，糈以稻米，白菅為席。此條不言山神形狀。

西 4-0-0

右西經之山志，凡七十七山，一萬七千五百一十七里。

山海經存卷之二　終

山海經存卷之三

婺源汪紱雙池釋

後學烏程盧葆辰子純、同邑程夢元颺園、同邑戴彭景筠、同邑余家鼎彝伯，同校字

北山經第三

北 1-1

北山經之首，曰單狐之山。多机木，其上多華草。漨水出焉，而西流注於泑水，其中多茈石、文石。机音飢。漨音逢。此西北之山，近崇吾、長沙二山北者也。机木似榆，其灰宜以糞田。泑水，即長沙山泚水所注之泑水是也。

北 1-2

又北二百五十里，曰求如之山。其上多銅，其下多玉。無草木。滑水出焉，而西流注於諸毗之水，前不周山北望諸毗，此滑水注於諸毗之水，是求如山在不周山之東也。其中多滑魚，其狀如鱓，赤背，其音如梧，食之已疣。鱓音善。梧音午。疣音尤。鱓魚似蛇。音如梧，其聲如人相枝梧也。其中多水馬，其狀如馬，文臂，牛尾，其音如呼。漢武帝元狩四年，得天馬於燉煌之渥洼水中。案：黑水經燉煌西流，此「滑」字與「渥洼」字音相近，殆即此水中也。

北 1-3

又北三百里，曰帶山。其上多玉，其下多青碧。有獸焉，其狀如馬，一角有錯，其名曰臞疏，可以辟火。有鳥焉，其狀如烏，五采而赤文，

—39—

名曰䲨鶬，是自為牝牡，食之不疽。彭水出焉，而西流注於芘湖之水，其中多鯈魚，其狀如雞而赤毛，三尾、六足、四首，其音如鵲，食之可以已憂。「錯」一作「厝」。䑏音歡。䲨音欺，鶬音餘。鯈音由。一角有錯，言其角有甲如錯。

北 1-4

又北四百里，曰譙明之山。譙水出焉，西流注於河，黑水燉煌而北，與河遠不相涉矣，而此以下言注河者凡五。且此當已在河西，而又每曰西流注河，此皆不可曉。其中多何羅之魚，一首而十身，其音如吠犬，食之已癰。一首十身，蓋其形如肺然也。有獸焉，其狀如貆而赤豪，其音如榴榴，名曰孟槐，可以禦凶。榴榴當是貓貓。禦凶，辟不祥也。是山也，無草木，多青雄黃。

北 1-5

又北三百五十里，曰涿光之山。嚻水出焉，西流注於河，其中多鰼鰼之魚，其狀如鵲而十翼，鱗皆在羽端，其音如鵲，可以禦火，食之不癉。鰼音褶。癉，熱瘧疾。其上多松柏，其下多椶橿。其獸多麢羊，其鳥多蕃。蕃，鴞也。

北 1-6

又北三百八十里，曰虢山。其上多漆，其下多桐、椐。桐，梧桐、花桐、岡桐。椐，樻也，腫節宜杖。其陽多玉，其陰多鐵。伊水出焉，西流注於河。西域有伊州近蒲昌海，然其水不得入河。其獸多橐駝。橐駝，似胡羊，高大，有肉鞍，謂之駝峯，蹄如橐橐，足有三節，力負千斤，行流沙中，日可三百里，知泉脈所在，嗜鹹，西北方甘肅及番中多有。其鳥多寓，狀如鼠而鳥翼，其音如羊，可以禦兵。

北 1-7

又北四百里，至於虢山之尾。此曰虢山之尾，則綿亙四百里皆虢山也。其上多玉而無石。魚水出焉，西流注於河，其中多文貝。

北 1-8

又北二百里，曰丹熏之山。其上多樗柏，其草多韭、薤，薤似韭而大葉如蒜。多丹雘。熏水出焉，而西流注於棠水。有獸焉，其狀如鼠而兔首麋身，其音如獆犬，以其尾飛，獆音毫。「尾」或作「髯」。名曰耳鼠，食之不

脎，又可以禦百毒。脎音采。脎，大腹病。

北 1-9

又北二百八十里，曰石者之山。其上無草木，多瑤碧。泚水出焉，西流注於河。有獸焉，其狀如豹而文題，白身，名曰孟極，是善伏，其鳴自呼。題，額也。伏，藏也。

北 1-10

又北百一十里，曰邊春之山。多蔥、葵、韭、桃、李。「邊春之山」一作「春山」，「春」「蔥」音近，此似即蔥嶺也。杠水出焉，而西流注於泑澤。蔥嶺之北與蒲昌海為近。有獸焉，其狀如禺而文身，善笑，見人則臥，名曰幽鴳，其鳴自呼。「幽鴳」或作「嬻媿」。鴳音遏。見人則臥，佯死也。

北 1-11

又北二百里，曰蔓聯之山。其上無草木。有獸焉，其狀如禺而有鬣，牛尾，文臂，馬蹄，見人則呼，名曰足訾，其鳴自呼。有鳥焉，羣居而朋飛，其毛如雌雉，名曰鵁，其鳴自呼，食之已風。「鵁」或作「渴」。

北 1-12

又北百八十里，曰單張之山。其上無草木。有獸焉，其狀如豹而長尾，人首而牛耳，一目，名曰諸犍，善吒，行則銜其尾，居則蟠其尾。犍音健。有鳥焉，其狀如雉而文首，白翼，黃足，名曰白鵺，食之已嗌痛，可以已痸。鵺音夜。嗌音隘。痸音掣。白鵺，白鷴之類。嗌，咽也。痸，癡病也。櫟水出焉，而南流注於杠水。即春山之杠水也。

北 1-13

又北三百二十里，曰灌題之山。其上多樗柘，其下多流沙，多砥。有獸焉，其狀如牛而白尾，其音如訆，名曰那父。有鳥焉，其狀如雌雉而人面，見人則躍，名曰竦斯，其鳴自呼也。匠韓之水出焉，而西流注於泑澤，其中多磁石。磁石，吸鐵之石也。

北 1-14

又北二百里，曰潘侯之山。其上多松柏，其下多榛楛。楛音戶。楛，赤

荊也。其陽多玉，其陰多鐵。有獸焉，其狀如牛而四節生毛，名曰㸲牛。
已見前。今川西羌中及西域諸蕃皆產之。邊水出焉，而南流注於懷澤。「懷」一作「㯠」。

北 1-15

又北二百三十里，曰小咸之山。無草木。冬夏有雪。

北 1-16

北二百八十里，曰大咸之山。無草木，其下多玉。是山也四方，不
可以上。有蛇，名曰長蛇，其毛如彘豪，其音如鼓柝。舊說其長百尋。案：
蝮蛇色如文綬，其文間有毫如豬毫，此其類也。柝，行夜所擊梆也。常山亦有長蛇，形與此異。

北 1-17

又北三百二十里，曰敦薨之山。其上多椶枏，其下多茈草。紫草如蘭
而赤，可染，西北人取其汁為臙脂。疑此山即匈奴之燕支山也，今在山丹西北。敦薨之水出
焉，而西流注於泑澤，出於崑崙之東北隅，實惟河源，前不周山言「西望泑
澤，河水所潛」，詳此文則謂眾川注於泑澤，乃潛流地下而復出於崑崙之東北隅。此泑澤實河之
源也，說與張騫說畧同。而崑崙之丘為指肅州南山言，明矣。其中多赤鮭。鮭音圭，又音
哇。鮭，鯸鮐也，今名河豚，善鼓氣，有毒。其獸多兕、㸲牛，「㸲」一作「㹲」。其鳥
多鳲鳩。布穀也。

北 1-18

又北二百里，曰少咸之山。無草木，多青碧。有獸焉，其狀如牛而
赤身，人面，馬足，名曰窫窳，其音如嬰兒，是食人。窫音軋，窳音愈。《爾
雅》云：窫窳似貙而虎爪。未知孰是。敦水出焉，東流注於鴈門之水，此西北方別一
鴈門，非山西之雁門山也。又，東北亦有雁門。其中多䱒䱒之魚，食之殺人。䱒音沛。
䱒䱒，未詳其狀。

北 1-19

又北二百里，曰獄法之山。瀤澤之水出焉，而東北流注於泰澤，瀤
音壞。此非邊水所注之懷澤。其中多䲃魚，其狀如鯉而雞足，食之已疣。䲃音藻。
有獸焉，其狀如犬而人面，善投，見人則笑，其名曰山渾，其行如風，
見則天下大風。渾音暈。

北 1-20

又北二百里，曰北嶽之山。多枳、棘、剛木。此非恆山北嶽。有獸焉，其狀如牛而四角，人目，彘耳，其名曰諸懷，其音如鳴鴈，是食人。諸懷之水出焉，而西流注於囂水，其中多鮨魚，魚身而犬首，其音如嬰兒，今海中有虎魚、鹿魚、牛魚、海狶，皆以其首似之也。食之已狂。鮨音詣。

北 1-21

又北百八十里，曰渾夕之山。無草木，多銅、玉。囂水出焉，而西北流注於海。沙漠以北乃多北流之水。有蛇，一首兩身，名曰肥遺，見則其國大旱。《管子》曰：涸水之精名曰蚔，一頭而兩身，其狀如蛇，長八尺，以其名呼之，可使取魚龜。亦此類也。蓋蚔字即肥遺二字合音也。遺字本音位。

北 1-22

又北五十里，曰北單之山。無草木，多蔥韭。

北 1-23

又北百里，曰罷差之山。無草木，多馬。

北 1-24

又北百八十里，曰北鮮之山。是多馬。鮮水出焉，而西北流注於涂吾之水。漢武帝元狩二年，馬出涂吾水中。然未詳其地所在。

北 1-25

又北百七十里，曰隄山。「隄」或作「陡」。多馬。有獸焉，其狀如豹而文首，名曰狕。狕音么。隄水出焉，而東流注於泰澤，其中多龍龜。

北 1-0

凡北山經之首，自單狐之山至於隄山，凡二十五山，五千四百九十里。大約皆寧夏以北之山。自單狐至敦薨十七山並西山而西，自少咸至隄山八山則並北而東者之山也。其神皆人面蛇身。其祠之毛，用一雄雞、彘瘞，吉玉用一珪，瘞而不糈。但埋牲玉而不用米。其山北人，皆生食不火之物。一作「皆生食而不火」。此北山之西一條也。

北 2-1

北次二經之首，在河之東，其首枕汾，其名曰管涔之山。河水自磧石入中國，東北流過湟水，過鄱部，循賀蘭山，又東北過三受降城，至古勝州阻陰山始折而南流，至華陰乃又折而東，故河東為冀，河西為雍。此《北次二經》之首，大抵冀州以北之山川也。管涔山在今太原府汾陽縣北，又名秀容山，故曰在河之東。枕，枕之也，其山臨汾水上也。枕去聲。涔音岑。其上無木而多草，其下多玉。汾水出焉，而西流注於河。汾水出管涔，東折南流經汾州、霍州、平陽以南，乃折而西流入河。

北 2-2

又西二百五十里，曰少陽之山。其上多玉，其下多赤銀。銀自有赤者。酸水出焉，而東流注於汾水，其中多美赭。

北 2-3

又北五十里，曰縣雍之山。縣音懸，雍音甕。今平陽縣西有汲甕山，然非管涔以北也。其上多玉，其下多銅，其獸多閭、麋，閭，山驢也，似驢而歧蹄，有角如麢羊。《鄉飲酒禮》有閭中，刻此獸形以受算。其鳥多白翟、白鶴。鶴，于六反。白鶴即白鷴。晉水出焉，而東南流注於汾水，東過晉陽，東入汾。其中多鮆魚，其狀如儵而赤鱗，其音如叱，食之不驕。「驕」一作「騷」，臊同，臭也。作「騷」為是。

北 2-4

又北二百里，曰狐岐之山。無草木，多青碧。勝水出焉，而東北流注於汾水，其中多蒼玉。狐岐山在今汾州介休縣，勝水出其下，東北注汾水。

北 2-5

又北三百五十里，曰白沙山。廣員三百里，盡沙也。無草木鳥獸。此蓋石州以北之山矣。鮪水出於其上，潛於其下。出山之巔而潛其下，蓋以其皆沙故也。是多白玉。

北 2-6

又北四百里，曰爾是之山。無草木，無水。

北 2-7

又北三百八十里，曰狂山。無草木。是山也，冬夏有雪。狂水出焉，而西流注於浮水，其中多美玉。大同之北有山積雪。

北 2-8

又北三百八十里，曰諸餘之山。其上多銅玉，其下多松柏。諸餘之水出焉，而東流注於旄水。

北 2-9

又北三百五十里，曰敦頭之山。其上多金玉，無草木。旄水出焉，而東流注於邛澤，其中多騂馬，牛尾而白身，一角，其音如呼。騂音勃。

凡此浮水、旄水之類，大抵自大同外入塞之水，其澤皆北方小海也。

北 2-10

又北三百五十里，曰鉤吾之山。其上多玉，其下多銅。有獸焉，其狀如羊身人面，其目在腋下，虎齒，人爪，其音如嬰兒，名曰狍鴞，是食人。狍鴞猶枭怵，氣健貌。就是此即饕餮，食人未盡，還害其身者。

北 2-11

又北三百里，曰北嚻之山。無石。其陽多碧，其陰多玉。有獸焉，其狀如虎而白身，犬首，馬尾，彘鬣，名曰獨狢。狢音谷。此獸實野犬類。犬之性獨。有鳥焉，其狀如烏，人面，名曰鶑鵑，宵飛而晝伏，食之已暍。

鶑音般，鵑音冒，暍音謁。鶑鵑，鴟鵂之屬而大，今人謂之訓狐，又名隻胡，其目能夜察蚊蝱而晝不見丘山，故宵飛晝伏。暍，中熱病也。今鴟鵂亦可治熱及頭風。涔水出焉，而東流注於邛澤。

北 2-12

又北三百五十里，曰梁渠之山。無草木，多金玉。脩水出焉，而東流注於鴈門。代有雁門關，然此當作直北。其獸多居暨，其狀如彙而赤毛，其音如豚。彙音位。彙似鼠，短喙，短足，其毛如刺，卷伏則如栗毬。有鳥焉，其狀如夸父，四翼，一目，犬尾，名曰囂，其音如鵲，食之已腹痛，可以止衕。

衕音洞。「夸父」一作「舉父」。衕，瀉泄也。

北 2-13

又北四百里，曰姑灌之山。無草木。是山也，冬夏有雪。

北 2-14

又北三百八十里，曰湖灌之山。其陽多玉，其陰多碧，多馬。湖灌之水出焉，而東流注於海，其中多鱓。鱣同。有木焉，其葉如柳而赤理。未詳其名。

北 2-15

又北水行五百里，流沙三百里，至於洹山。其上多金玉，三桑生之，其樹皆無枝，其高百仞。百果樹生之。其下多怪蛇。此大漠之北矣。

北 2-16

又北三百里，曰敦題之山。無草木，多金玉。是錞於北海。

北 2-0

凡北次二經之首，自管涔之山至於敦題之山，凡十七山，五千六百九十里。此北山之中直北者。其神皆蛇身人面。其祠毛，用一雄雞、彘瘞，用一璧一圭，投而不糈。其牲埋之，其玉投之，而不用米也。

北 3-1

北次三經之首，曰太行之山，其首曰歸山。行音杭。太行山磅礴，遼澤、彰德、衛輝、懷慶、潞安六郡之間皆其山麓也。太行山之南首則又名歸山，今懷慶河內縣西北也。其上有金玉，其下有碧。有獸焉，其狀如麢羊而四角，馬尾而有距，其名曰䮝，善還，䮝音暉。還音旋。善還，善盤旋而舞也。其名自訓。有鳥焉，其狀如鵲，白身，赤尾，六足，其名曰䳠，是善驚，其鳴自詨。䳠音奔。詨依教反。詨亦呼也，鳥鳴曰詨，閩人謂呼為詨。

北 3-2

又東北二百里，曰龍侯之山。無草木，多金玉。決決之水出焉，而東流注於河，此間注河小水今難悉考。其中多人魚，其狀如鯑魚，四足，其音如嬰兒，食之無癡疾。人魚似鮎而又似人，廣中亦有之，謂之海婦人。此以有音為異。

北3-3

又東北二百里，曰馬成之山。其上多文石，其陰多金玉。有獸焉，其狀如白犬而黑頭，見人則飛，蓋有肉翅也。其名曰天馬，其鳴自訆。有鳥焉，其狀如烏，首白而身青、足黃，是名曰鶌鶋，其鳴自詨，食之不飢，可以已寓。鶌音屈，鶋音居。鶌鶋即鶌鳩也。寓與誤通。

北3-4

又東北七十里，曰咸山。其上有玉，其下多銅。是多松柏，草多茈草。條菅之水出焉，而西南流注於長澤，或謂此澤州陽城之濩澤也。其中多器酸，三歲一成，食之已癘。器酸，未詳。成，成熟也。

北3-5

又東北二百里，曰天池之山。其上無草木，多文石。有獸焉，其狀如兔而鼠首，以其背飛，蓋背有長毛而仰飛也。其名曰飛鼠。澠水出焉，潛於其下，其中多黃堊。

北3-6

又東三百里，曰陽山。澤州之陽城山。其上多玉，其下多金銅。有獸焉，其狀如牛而赤尾，其頸胘，其狀如句瞿，其名曰領胡，其鳴自詨，食之已狂。句音鉤，瞿音劬。言頸上有肉高起如斗瞿也。有鳥焉，其狀如雌雉而五彩以文，是自為牝牡，名曰象蛇，其鳴自詨。留水出焉，而南流注於河，其中有鮊父之魚，其狀如鮒魚，魚首而彘身，食之已嘔。嘔，乾吐也。

北3-7

又東三百五十里，曰賁聞之山。其上多蒼玉，其下多黃堊，多涅石。以上山大抵皆太行之屬。

北3-8

又北百里，曰王屋之山。是多石。㶟水出焉，而西北注於泰澤。王屋山在絳州垣曲縣，山形如屋，沇水所出也。沇水出其巔崖下，既見而伏，又東出於懷慶之濟源縣，其源匯二澤，東源周七百步，西源周六百八十步，合流至溫縣，是為沇水。此㶟水即沇水也。沇水今作濟水。但王屋山在太行以西相去不遠，非太行北千餘里也；㶟水出而東南流，

— 47 —

非西北流也。或者其始出處向西北，乃轉東南耳。泰澤當作大澤，蓋指濟源二澤言也。鮪水、瀤水皆出山上而潛其下，灂水亦然，而不言其潛其下，亦失之矣。「灂」「沈」音近也。

北 3-9

又東北三百里，曰教山。其上多玉而無石。教水出焉，西流注於河，是水冬乾而夏流，實惟乾河。今聞喜縣東北有乾河口，或是。其中有兩山。是山也廣圓三百步，其名曰發丸之山，其上有金玉。此二山又在教水中者也。

北 3-10

又南三百里，曰景山。南望鹽販之澤，北望少澤。「鹽」下一無「販」字。景山，耿也。今蒲州河津縣鹽澤，今解州鹽池也。少澤，郇、瑕也。然此當在王屋之西耳。其上多草諸藇，諸音薯，藇音豫。諸藇即薯也，有赤白大小數種，其苗蔓生，葉似牽牛，其根似羊蹄，食其根，以長細色白皮微赤而氣香者謂之山藥，今藥局以懷慶所出為佳，懷去蒲、解不遠也。其草多秦椒。如川椒而細。其陰多赭，其陽多玉。有鳥焉，其狀如蛇而四翼、六目、三足，名曰酸與，其鳴自詨，見則其邑有恐。或曰食之不醉。

北 3-11

又東南三百二十里，曰孟門之山。孟門，底柱三門也。在今懷慶之孟縣南。呂不韋曰：龍門未闢，呂梁未鑿，河出孟門之上。《穆天子傳》云：北升孟門。此是也。底柱山，禹鑿之為三門以通河。其上多蒼玉，多金，其下多黃堊，多涅石。

北 3-12

又東南三百二十里，曰平山。平水出其上，潛於其下。是多美玉。

北 3-13

又東三百里，曰京山。有美玉，多漆木，多竹。其陽有赤銅，其陰有玄礵。礵音小，黑砥石也。高水出焉，南流注於河。

北 3-14

又東二百里，曰蟲尾之山。其上多金玉，其下多竹，多青碧。丹水出焉，南流注於河。薄水出焉，而南流注於黃澤。自景山以下皆沿河東流，大

抵懷、衛間山川也。《淮南子》曰：薄水出鮮于山。未知合否。黃澤，蓋河之旁所瀦澤也。

北 3-15

又東三百里，曰彭毗之山。其上無草木，多金玉，其下多水。蚤林之水出焉，東南流注於河。肥水出焉，而南流注於牀水，其中多肥遺之蛇。

北 3-16

又東百八十里，曰小侯之山。明漳之水出焉，南流注於黃澤。有鳥焉，其狀如烏而白文，名曰鴣鵗，食之不灂。鴣音姑，鵗音習。灂音醮。南方有鷗鴣，似雌雉而白文，北方無此鳥，恐非也。灂，目瞬動也。

北 3-17

又東三百七十里，曰泰頭之山。共水出焉，南注於虖沱。其上多金玉，其下多竹箭。此蓋又背河而東北行矣。衛有共邑，又其地多竹，然虖沱猶遠在其北，此共水不得云南注也。

北 3-18

又東北二百里，曰軒轅之山。其上多銅，其下多竹。有鳥焉，其狀如梟而白首，其名曰黃鳥，其鳴自詨，食之不妒。此當在彰德西矣。案：經書所稱黃鳥，鸝也，一名倉庚，今謂之黃鶯，醫者言食之可以療妒。然此鳥不似梟，亦不白首，鳴亦非自詨。

北 3-19

又北二百里，曰謁戾之山。其上多松柏，有金玉。沁水出焉，南流注於河。謁戾，今沁州沁源縣羊頭山也，古之上黨也。沁水出沁州，流經澤州，至滎陽之東北入河。其東有林焉，名曰丹林，丹林之水出焉，南流注於河。嬰侯之水出焉，北流注於汜水。此非河南之汜水也，然未詳所在。

北 3-20

東三百里，曰沮洳之山。無草木，多金玉。濝水出焉，南流注於河。濝水即淇水也，出衛輝之大號山，古隆慮也，沮洳即隆慮，然東流非南流。

北 3-21

又北三百里，曰神囷之山。其上有文石，其下有白蛇，有飛蟲。黃水出焉，而東流注於洹。洹音丸。洹水出彰德林慮縣，東流入於清水。滏水出焉，而東流注於歐水。滏水出釜山，過彰德西北，下流入濁水。

北 3-22

又北二百里，曰發鳩之山。今在潞安府長子縣西。其上多柘木。有鳥焉，其狀如烏，文首，白喙，赤足，名曰精衛，其鳴自詨；是炎帝之少女，名曰女娃，女娃遊於東海，溺而不返，故為精衛，常銜西山之木石，以堙於東海。娃，烏嘉、孤涯二反。堙音因。漳水出焉，東流注於河。此濁漳也，出鹿谷山，流經彰德府，合清漳而東入河。

北 3-23

又東北百二十里，曰少山。今在平定州樂平縣。其上有金玉，其下有銅。清漳之水出焉，東流於濁漳之水。清漳出大要谷，東流合濁漳，至阜城入河。

北 3-24

又東北二百里，曰錫山。其上多玉，其下有砥。牛首之水出焉，而東流注於滏水。

北 3-25

又北二百里，曰景山。有美玉。景水出焉，東南流注於海澤。

北 3-26

又北百里，曰題首之山。有玉焉，多石，無水。

北 3-27

又北百里，曰繡山。其上有玉、青碧，其木多栒，栒音洵，木，可為琴。其草多芍藥、芎藭。芍藥似牡丹，其花香而色麗，其根入藥。或以為辛夷，誤甚。洧水出焉，而東流注於河，此非鄭之洧水也，然未詳所在。其中有鱯、黽。鱯似鮎而大，其色白。黽，青鮭也。或曰「蠪黽」一物名耳。

北 3-28

又北百二十里，曰松山。陽水出焉，東北流注於河。

北 3-29

又北百二十里，曰敦與之山。其上無草木，有金玉。溹水出於其陽，而東流注於泰陸之水。孫炎云：大陸，今鉅鹿廣阿澤也。李吉甫又以深、邢、趙三州為大陸。然則，大陸，今深澤是也。泜水出於其陰，而東流注於彭水。泜音抵。泜水出中丘窮泉谷，東流入於漳水。然則，此「彭」字當作「漳」。槐水出焉，而東流注於泜澤。

北 3-30

又北百七十里，曰柘山。其陽有金玉，其陰有鐵。歷聚之水出焉，而北流注於洧水。

北 3-31

又北三百里，曰維龍之山。其上有碧玉，其陽有金，其陰有鐵。肥水出焉，而東流注於皋澤，其中多礨石。言肥水中多磈礨大石也。敞鐵之水出焉，而北流注於大澤。

北 3-32

又北百八十里，曰白馬之山。其陽多石玉，其陰多鐵，多赤銅。木馬之水出焉，而東北流注於虖沱。自泰頭至此繞太行之東而北行也。至此則疑近北嶽恆山之境矣。

北 3-33

又北二百里，曰空桑之山。無草木，冬夏有雪。空桑之水出焉，東注於虖沱。此北方空桑，非東之空桑也。

北 3-34

又北三百里，曰泰戲之山。無草木，多金玉。有獸焉，其狀如羊，一角，一目，目在耳後，其名曰辣辣，其鳴自訓。辣音棟。虖沱之水出焉，而東流注於漊水。漊音樓。虖沱今出朔州平虜南武夫山，東南流經正定，並恆、衛、寇、

易諸水而東入海。今自河已南徙，北方川原，或塞或闢，互相易位，不可詳考矣。**液女之水出於其陽，南流注於沁水。**案：平囷去沁水已遠，液女之水不知何水也。

北3-35

又北三百里，曰石山。多藏金玉。濩濩之水出焉，而東流注於虖池。鮮于之水出焉，而南流注於虖池。

北3-36

又北二百里，曰童戎之山。皋涂之水出焉，而東流注於溇液水。前溇水、液水兩分，此又合言溇液水，豈此皋涂之水分入於二水而約言之邪？

北3-37

又北三百里，曰高是之山。今蔚州靈丘縣，此北嶽之山矣。**滋水出焉，南流注於虖沱。其木多棕，其草多條。滱水出焉，東流注於河。**案：慈水出靈丘，經正定合恆水，恆水出恆山北谷，東南合慈水，又南流入於衡水，此後世經流也。古之恆水入於易水，而東自入海。滋、恆皆不入虖沱也。滱水出靈丘，東南流合恆水入易水，入海。滱不入虖沱，亦不入河也。河自大伾東北流至碣石入海，而恆、衡、滱、易、虖沱皆不與河相涉。易水最北，虖沱次南，河又在南也，後世川瀆乃互異矣。古燕、雲、恆嶽之水，不能越虖、易而入河也。乃此言滱水入河，下鄭、般、燕、虢、倫、繩皆云入河，是秦漢人之水道或然，非三代之書可知。

北3-38

又北三百里，曰陸山。多美玉。𣽓水出焉，而東流注於河。「𣽓」或作「郯」。

北3-39

又北二百里，曰沂山。般水出焉，而東流注於河。沂，魚依反。般音盤。

北3-40

北百二十里，曰燕山。多嬰石。燕山，今京師也。嬰石，石之美者，《列子》所謂燕石也。**燕水出焉，而東流注於河。**燕山以東，灤、盧、濡、遼之水皆自入海，不入河。

北 3-41

又北山行五百里，水行五百里，至於饒山。是無草木，多瑤碧。其獸多橐駝，其鳥多鵸。鵸鵌，頭似貓。**歷虢之水出焉，而東流注於河，其中有師魚，食之殺人。**「師」或作「鯢」。此未越海而水行五百里，或即泝此歷虢之水歟？今不可考。師魚，未詳。

北 3-42

又北四百里，曰乾山。無草木。其陽有金玉，其陰有鐵而無水。據此則乾當音干。有獸焉，其狀如牛而三足，其名曰㺌，其鳴自詨。

北 3-43

又北五百里，曰倫山。倫水出焉，而東流注於河。有獸焉，其狀如麋，其川在尾上，其名曰羆。川，亦作「州」，後竅也。此非熊羆之羆。

北 3-44

又北五百里，曰碣石之山。地志：碣石在北平驪城縣西南河口之地。酈道元《水經》云：驪城枕海有石如甬道數十里，當山頂有大石如柱。韋昭云：碣石昔在河口海濱，歷世既久，為水所漸，淪入於海，已去岸五百餘里矣。案：永平府之南，萊州之北，河間、天津之東，渤海中，有過沙焉，蓋古碣石也。**繩水出焉，而東流注於河，**碣石且淪海中，則繩水亦無存矣。**其中多蒲夷之魚。**未詳。**其上有玉，其下多青碧。**

北 3-45

又北水行五百里，至於鴈門之山。無草木。此鴈門山又非山西之雁門關也。北陵西隃，鴈之所出地，在高柳北。

北 3-46

又北水行四百里，至於泰澤，其中有山焉，曰帝都之山。廣圓百里，無草木，有金玉。

北 3-47

又北五百里，曰錞於毋逢之山。北望雞號之山，其風如飆。西望幽都之山，浴水出焉。是有大蛇，赤首白身，其音如牛，見則其邑大旱。

此蓋東極，於遼左矣。幽都，燕也。浴水，黑水也。永平有盧水入海，長白山有黑龍江，皆黑水也。颮，急風貌。

北 3-0

凡北次三經之首，自太行之山以至於毋逢之山，凡四十六山，萬二千三百五十里。此北之東條，自太行而西南，又循河而東，又循太行之東而北至恆岳，乃自恆岳而又東歷山前燕平以北，大約極於遼左而止。其神，狀皆馬身而人面者廿神，其祠之，皆用一藻茝瘞之。茝，昌改反。藻字下有闕文。茝，今白芷也。太行以下至少山二十二山主太行，其神狀及祠之之禮如此。其十四神，狀皆彘身而載玉，其祠之，皆玉，不瘞。自錫山以下至高是十四山主恆嶽，其神狀及祠之之禮如此。不瘞，投其玉也。其十神，狀皆彘身而八足蛇尾，其祠之，皆用一璧瘞之。自陸山以下至毋逢十山，其神狀及祠之之禮如此。大凡四十四神，皆用稌糈米祠之。此皆不火食。惟太行、恆山、高是二神用火食也。

北 3-0-0

右北經之山志，凡八十七山，二萬三千二百三十里。

山海經存卷之三　終

山海經存卷之四

婺源汪紱雙池釋

後學烏程盧葆辰子純、同邑程夢元颿園、同邑戴彭景筠、同邑余家鼎彝伯，同校字

東山經第四

東 1-1

東山經之首，曰樕螽之山。北臨乾昧，<small>樕音速，螽音株。昧音妹。</small>食水出焉，而東北流注於海，其中多鱅鱅之魚，其狀如犁牛，其音如彘鳴。<small>鱅，時公反。</small>

東 1-2

又南三百里，曰藟山。其上有玉，其下有金。湖水出焉，東流注於食水，其中多活師。<small>藟音誄。活師，蝌蚪也，《爾雅》謂之活東。或曰，東海之濱有魚焉，似蝌蚪而味美，其名曰跳魚。</small>

東 1-3

又南三百里，曰枸狀之山。其上多金玉，其下多青碧石。有獸焉，其狀如犬，六足，其名曰從從，其鳴自詨。有鳥焉，其狀如雞而鼠毛，其名曰蚩鼠，見則其邑大旱。<small>蚩音資。</small>泜水出焉，而北流注於湖水，<small>泜音积。</small>其中多箴魚，其狀如儵，其喙如箴，食之無疫疾。<small>箴音針。今江東濱海皆有之，謂之針工魚。</small>

東 1-4

又南三百里，曰勃　之山。無草木，無水。垒，古齊字。

東 1-5

又南三百里，曰番條之山。無草木，多沙。減水出焉，北流注於海，其中多鱤魚。鱤音感，黃頰魚也。

東 1-6

又南四百里，曰姑兒之山。其上多漆，其下多桑柘。姑兒之水出焉，北流注於海，其中多鱤魚。或曰此即齊東姑尤也。

東 1-7

又南四百里，曰高氏之山。其上多玉，其下多箴石。古人治病用箴，其砭以石。諸繩之水出焉，東流注於澤，其中多金玉。或曰即瀰水在青州者。

東 1-8

又南三百里，曰嶽山。其上多桑，其下多樗。濼水出焉，東流注於澤，其中多金玉。齊有濼水出泰山，北匯為黑水，至渴馬崖潛流，出歷城西五十里，湧出，曰趵突之泉，北注清沚，其經流即濼水也。或即此歟？

東 1-9

又南三百里，曰犲山。其上無草木。其下多水，其中多堪㺔之魚。犲音柴。㺔音序。堪㺔，未詳，或曰即鯇魚也，似鱧，食草，今人池沼養之，謂之草魚。有獸焉，其狀如夸父而彘毛，其音如呼，見則天下大水。

東 1-10

又南三百里，曰獨山。其上多金玉，其下多美石。末塗之水出焉，而東南流注於沔，此非漢水之沔。其中多蟄蟲，其狀如黃蛇，魚翼，出入有光，見則其邑大旱。蟲，時中反。

東 1-11

又南三百里，曰泰山。舊說即東嶽岱宗。今在泰安州西北，自下至巔凡四十八里三百步。其上多玉，其下多金。有獸焉，其狀如豚而有珠，名曰狪狪，其

名自訓。猲音同。**環水出焉，東流注於海，其中多水玉**。泰山下有原山，淄水出其北，東北流入海，汶水出其南，西南流入泲。此或即淄水也。然則，「環」當作「原」。

東 1-12

又南三百里，曰竹山。錞於涯，一作「江」，非。案：此據岱宗以南，則當作「錞於淮」。無草木，多瑤碧。激水出焉，而東南流注於娶檀之水，其中多茈贏。

東 1-0

凡東山經之首，自樕螽之山以至於竹山，凡十二山，三千六百里。此經大約自東北海上迤西而南，沿泲至東岳以南也。然渤海青、兗之境，海水多所淪昧，今皆不可考矣。**其神狀皆人身龍首。祠毛，用一犬祈，衈用魚**。衈音二。其祠之用犬，其有所祈禱則衈用魚也。以牲告神，欲神聽之曰衈。《公羊傳》云：蓋叩其鼻以衈社。

東 2-1

東次二經之首，曰空桑之山。北臨食水，東望沮吳，南望沙陵，西望㟍澤。㟍音旻。此非北山之空桑也。前言食水出樕螽山，東北注海。此山北臨食水，是則此山在樕螽之東也。沮吳猶沮洳，斥鹵下溼也。㟍澤蓋即繩、灤之水所注澤也。《周禮》：空桑之琴瑟。有獸焉，其狀如牛而虎文，其音如欽，其名曰軨軨，其鳴自訓，見則天下大水。「欽」一作「吟」，宜從之。軨音靈。

東 2-2

又南六百里，曰曹夕之山。其下多穀而無水，多鳥獸。

東 2-3

又西南四百里，曰嶧皋之山。其上多金玉，其下多白堊。嶧皋之水出焉，東流注於激女之水。其中多蜃珧。嶧音亦。蜃音腎。珧音遙。或曰此即鄒之繹山也，在鄒縣北。蜃、珧皆蚌屬，其甲可飾器物。

東 2-4

又南水行五百里，流沙三百里，至於葛山之尾。無草木，多砥礪。東無流沙，而此云然，豈渡少海而行歟？

東2-5

又南三百八十里，曰葛山之首。無草木。澧水出焉，東流注於余澤，澧音禮。此非荊州之澧。其中多珠鱉魚，其狀如肺而有目，六足，有珠，其味酸甘，食之無瘍。鱉音鱉。案：此或以為鱟媚，則鱟六足而形不似肺。或以為鮓魚，則鮓似肺而無目。或以為烏賊似之。《呂氏春秋》曰：澧水之魚，名曰朱鱉，六足，有珠，魚之美者也。

東2-6

又南三百八十里，曰餘峩之山。其上多梓枏，其下多荊芑。雜余之水出焉，東流注於黃水。有獸焉，其狀如菟而鳥喙，鴟目，蛇尾，見人則眠，名曰犰狳，其鳴自訓，見則螽蝗為敗。犰音仇，狳音余。見則眠，佯死也。螽蝗為敗，蟲害禾稼也。

東2-7

又南三百里，曰杜父之山。無草木，多水。

東2-8

又南三百里，曰耿山。無草木，多水碧，多大蛇。有獸焉，其狀如狐而魚翼，其名曰朱獳，其鳴自訓，見則其國有恐。獳音儒。

東2-9

又南三百里，曰盧其之山。無草木，多沙石。沙水出焉，南流注於涔水，其中多鵹鶘，其狀如鴛鴦而人足，其鳴自訓，見則其國多土功。鵹音犁。今鵜鶘之足頗似人足，然其狀似雁，不似鴛鴦。

東2-10

又南三百八十里，曰姑射之山。無草木，多水。

東2-11

又南水行三百里，流沙百里，曰北姑射之山。無草木，多石。上下節射字皆音夜。莊周所謂藐姑射之山，或此三山也。

東2-12

又南三百里，曰南姑射之山。無草木，多水。

東 2-13

又南三百里，曰碧山。無草木。多大蛇，多碧水玉。_{水晶之青綠色者。}

東 2-14

又南五百里，曰緱氏之山。無草木，多金玉。原水出焉，東流注於沙澤。「緱」一作「維」一作「俠」。

東 2-15

又南三百里，曰姑逢之山。無草木，多金玉。有獸焉，其狀如狐而有翼，其音如鴻鴈，其名曰獙獙，見則天下大旱。獙音斃。

東 2-16

又南五百里，曰鳧麗之山。其上多金玉，其下多箴石。有獸焉，其狀如狐而九尾九首，虎爪，名曰蠪蛭，其音如嬰兒，是食人。蠪音龍，蛭音蛭。

東 2-17

又南五百里，曰磹山。南臨磹水，東望湖澤。有獸焉，其狀如馬而羊目，四角，牛尾，其音如獋狗，其名曰峳峳，見則其國多狡客。磹音真。峳音由。狡，猾也，或曰美好也。有鳥焉，其狀如鳧而鼠尾，善登木，其名曰絜鉤，見則其國多疫。絜，胡結反。鳥本木栖，鳧則不木栖，故以善登木為異也。以上之山川皆無可考。

東 2-0

凡東次二經之首，自空桑之山至於磹山，凡十七山，六千六百四十里。大約又在橄蟲之東，東循於海。其神狀皆獸身，人面，載觡。觡音格。觡，角之中實者，鹿麋之屬是也。「載」「戴」通。其祠毛，用一雞祈，嬰用一璧瘞。

東 3-1

東次三經之首，曰尸胡之山。北望殲山。其上多金玉，其下多棘。有獸焉，其狀如麋而魚目，名曰妴胡，其鳴自訆。殲音詳。妴音婉。

東 3-2

又南水行八百里，曰歧山。其木多桃李，其獸多虎。東山而水行，是蓋

在海東也。以下之山川，無可考記其名物，音釋而已。

東 3-3

又南水行五百里，曰諸鉤之山。無草木，多沙石。是山也，廣員百里，多寐魚。蓋環山皆水也。寐魚即鯀魚。

東 3-4

又南水行七百里，曰中父之山。無草木，多沙。

東 3-5

又東水行千里，曰胡射之山。無草木，多沙石。

東 3-6

又南水行七百里，曰孟子之山。其木多梓桐，多桃李，其草多菌蒲，其獸多麋鹿。是山也，廣員百里。其上有水出焉，名曰碧陽，其中多鱣鮪。菌音郡，菌蕈也。海中如綸綬之屬，今之紫菜、石花、牛毛、海帶、海苔之類，皆菌蒲屬也。今東海如日本、琉球、臺灣、閩宋諸島中，每多麋鹿及海菜、桃、李。又，東海度索山之桃亦在海中也。不曰碧陽之水出焉，而曰其上有水出焉曰碧陽，見碧陽之水只在此山中，山在海中，無他注也。鱣，黃魚也，其夾背有鱗甲一路，其身無鱗，其首似龍，其色黃，其骨脆頓可食，重者千斤。鮪，鱏魚也，似鱣而長鼻如鐵兜鍪，無鱗，其骨亦脆頓可食，一名鮪鱏。

東 3-7

又南水行五百里，曰流沙，行五百里，有山焉，曰跂踵之山。廣員二百里。跂音企。無草木，有大蛇。其上多玉。有水焉，廣員四十里，皆涌，其名曰深澤，涌音勇，自下灈湧而上。如歷城有趵突之泉，汾陰有灈水之泉，其深叵測，皆此類也。此澤只在此山，亦環海也。其中多蠵龜。蠵音攜。蠵，觜蠵也，似龜而大，六足，其甲薄而有文，可以飾器，今廣中亦有之。或曰雄曰瑇瑁，雌曰觜蠵。有魚焉，其狀如鯉而六足，鳥尾，名曰鮯鮯之魚，其鳴自叫。鮯音蛤。

東 3-8

又南水行九百里，曰晦隅之山。晦音敏。其上多草木，多金玉，多赭。有獸焉，其狀如牛而馬尾，名曰精精，其鳴自訓。「晦」一作「蒔」。

東 3-9

又南水行五百里，流沙三百里，至於無皋之山。南望幼海，_{以環中國}者為少海，少海外乃為大海也。明此皆在幼海東矣。又，《淮南子》曰：東方大渚曰少海。東望榑木。_{榑音扶。}或作「扶桑」，謂海東有扶桑之木，日出所拂者也。無草木，多風。凡東海多風，《周禮》「日東景夕多風」是也。是山也，廣員百里。

東 3-0

凡東次三經之首，自尸胡之山至於無皋之山，凡九山，六千九百里。其神狀皆人身而羊角。其祠，用一牡羊，米用黍。是神也，見則風雨水為敗。

東 4-1

東次四經之首，曰北號之山。臨於北海。有木焉，其狀如楊，赤華，其實如棗而無核，其味酸甘，食之不瘧。食水出焉，而東北流注於海。此又一食水，非橫蠚之食水。有獸焉，其狀如狼，赤首，鼠目，其音如豚，名曰獦狚，是食人。_{獦音葛，狚音旦。}有鳥焉，其狀如雞而白首，鼠足而虎爪，名曰鬿雀，亦食人。_{鬿音祈。}

東 4-2

又南三百里，曰旄山。無草木。蒼體之水出焉，而西流注於展水，其中多鱃魚，其狀如鯉而大首，食者不疣。_{鱃音秋。}

東 4-3

又東三百二十里，曰東始之山。上多蒼玉。有木焉，其狀如楊而赤理，其汁如血，不實，其名曰芑，可以服馬。_{舊說以汁塗馬能使馬調良也。}泚水出焉，而東北流注於海，其中多美貝，多茈魚，其狀如鮒，一首而十身，其臭如虋蕪，食之不糦。_{糦，古屁字，氣下泄也。}

東 4-4

又東南三百里，曰女烝之山。其上無草木。石水出焉，而西注於鬲水，其中多薄魚，其狀如鱣魚而一目，其音如歐，見則天下大旱。_{歐嘔同。}

東 4-5

又東南二百里,曰欽山。多金玉而無石。師水出焉,而北流注於皋澤,其中多鱔魚,多文貝。有獸焉,其狀如豚而有牙,其名曰當康,其鳴自訓,見則天下大穰。

東 4-6

又東南二百里,曰子桐之山。子桐之水出焉,而西流注於餘如之澤,其中多鰩魚,其狀如魚而鳥翼,出入有光,其音如鴛鴦,見則天下大旱。

東 4-7

又東北二百里,曰剡山。多金玉。有獸焉,其狀如彘而人面,黃身而赤尾,其名曰合窳,其音如嬰兒,是獸焉食人,亦食蟲蛇,見則天下大水。窳音庾。

東 4-8

又東二百里,曰太山。上多金、玉、楨木。楨,女貞也,木似凍青,冬夏不彫。有獸焉,其狀如牛而白首,一目而蛇尾,其名曰蜚,行水則竭,行草則死,見則天下大疫。蜚音翡。鉤水出焉,而北流注於勞水,其中多鱔魚。

東 4-0

凡東次四經之首,自北號之山至於太山,凡八山,一千七百二十里。皆無可考。

東 4-0-0

右東經之山志,凡四十六山,萬八千八百六十里。

山海經存卷之四　終

山海經存卷之五

婓源汪紱雙池釋

後學烏程盧葆辰子純、同邑程夢元曥園、同邑戴彭景筠、同邑余家鼎彝伯，同校字

中山經第五

中 1-1

中山經薄山之首，曰甘棗之山。薄山非一。山以歷兒為主，餘相連者皆薄山，而甘棗其西首也。又案：薄與亳通，而殷有三亳，東亳今之亳州，隸江南，西亳即河南偃師縣，南亳轘轅也。而此中山之經，大約多自洛汭間始，則此薄山之首殆主偃師言也。共水出焉，而西流注於河。其上多枏木。其下有草焉，葵本而杏葉，黃華而莢實，名曰籜，可以已瞢。「杏」或作「楛」。籜音托。瞢音盲。案：此蓋決明之屬，但決明葉不似杏、楛。有獸焉，其狀如貑鼠而文題，其名曰䶂，食之已癭。貑音灰。䶂音耐，或作「熊」。貑鼠，鼠類，色紫紺，淺毛，其皮可裘。文題，其額上有文也。「䶂」與「熊」通，說者云鯀化黃熊入於羽淵。熊，三足鼈也，與此互異。

中 1-2

又東二十里，曰歷兒之山。其上多櫔，多櫔木，是木也方莖而圓葉，黃華而毛，其實如楝，服之不忘。櫔音厲。楝音煉。楝木似槐，子如指頭，色白而粘，可搗以浣衣，服之益腎。此服之不忘，謂令人健記，蓋亦楝類也。或作「簡」，非。

中 1-3

又東十五里，曰渠豬之山。其上多竹。渠豬之水出焉，而南流注於河，此經當在河南，而此曰南流注河，恐訛誤。其中是多豪魚，狀如鮪，赤喙尾，赤羽，可以已白癬。

中 1-4

又東三十五里，曰蔥聾之山。其中多大谷。是多白堊、黑青黃堊。

中 1-5

又東十五里，曰涹山。涹音阿。其上多赤銅，其陰多鐵。

中 1-6

又東七十里，曰脫扈之山。有草焉，其狀如葵葉而赤華，莢實，實如樱莢，名曰植楮，可以已癙，食之不眯。癙，憂病也。眯，目病也。

中 1-7

又東二十里，曰金星之山。多天嬰，其狀如龍骨，可以已痤。痤，在何反。天嬰，未詳何物。痤，皮上硙磊病也。

中 1-8

又東七十里，曰泰威之山。其中有谷，曰梟谷，其中多鐵。「有」字下或無「谷」字。

中 1-9

又東十五里，曰橿谷之山。其中多赤銅。「橿」或作「檀」。

中 1-10

又東百二十里，曰吳林之山。其中多蒐草。「蒐」與「菅」同。或曰，當與「藺」同，即「蘭」也。

中 1-11

又北三十里，曰牛首之山。晉人伐鄭，師於牛首。牛首，鄭地也，當在鄭州、滎陽之境。或以長安西南之牛首山當之，非也。有草焉，名曰鬼草，其葉如葵而赤莖，

其秀如禾，服之不憂。其秀如禾，蓋吐穗也。**勞水出焉，而西流注於潏水，是多飛魚，其狀如鮒魚，食之已痔衕**。飛魚，蓋鮒之一種耳。言飛而不言有翼，其魚好超躍水面如飛也。今鯽魚亦能治痔止泄，鯽即鮒魚別名。

中 1-12

又北四十里，曰霍山。名霍山者非一。山西之岳陽，江南之霍山，閩中之羅江，河南之鞏縣，皆有霍山。此蓋鞏之霍山也。蓋此由薄山而東，而漸南，又折而西北耳。《爾雅》云：大山繞小山為霍。**其木多穀。有獸焉，其狀如貍而白尾，有鬣，名曰朏朏，養之可以已憂**。朏音菲。言畜之使人解憂也。

中 1-13

又北五十二里，曰合谷之山。**是多薝棘**。薝音淡，未詳。或曰，薝，薝蔔，今之梔子也。

中 1-14

又北三十五里，曰陰山。一作「隃山」。**多礪石、文石。少水出焉，其中多雕棠，其葉如榆葉而方，其實如赤菽，食之已聾**。

中 1-15

又東北四百里，曰鼓鐙之山。**多赤銅。有草焉，名曰榮草，其葉如柳，其本如雞卵，食之已風**。

中 1-0

凡薄山之首，自甘棗之山至於鼓鐙之山。**凡十五山，六千六百七十里。歷兒，冢也**，此中山大略不越周、鄭之境。凡所總括道里，多不相符合，而此為尤甚。**其祠禮毛，太牢之具，縣以吉玉。**《爾雅》：祭山曰縣。此祠歷兒禮也。**其餘十三山者毛，用一羊，縣嬰用桑封，瘞而不糈**。祠餘山禮也。除歷兒當十四山。**桑封者，桑主也。方其下而銳其上，而中穿之加金**。此復言桑封之制也。方下以安宅，銳上以象山，中穿空之象山以虛受澤之意。加金，飾以金也。以桑木為之。案：此則「封」當作「卦」，卦亦音圭，其主形如圭，故曰桑卦耳。又，凡祠山皆言其神狀，此不言者，惟以主依神故，無異狀也。

中 2-1

中次二經濟山之首，曰煇諸之山。濟山非一山。其山之首別名煇諸山也。大約在伊洛之東，河沛之會。**其上多桑。其獸多閭麋，其鳥多鴣。**鴣似雉而大，色黃而有黑，有毛冠，性勇健，鬬死乃止，出上黨。此濟山有之，蓋沛洛間道通上黨，相去亦不遠也。

中 2-2

又西南二百里，曰發視之山。其上多金玉，其下多砥礪。即魚之水出焉，而西流注於伊水。

中 2-3

又西三百里，曰豪山。其上多金玉，而無草木。

中 2-4

又西三百里，曰鮮山。多金玉，無草木。鮮水出焉，而北流注於伊水。其中多鳴蛇，其狀如蛇而四翼，其音如磬，見則其邑大旱。

中 2-5

又西三百里，曰陽山。多石，無草木。陽水出焉，而北流注於伊水。其中多化蛇，其狀如人面而豺身，鳥翼而蛇行，其音如叱呼，見則其邑大水。

中 2-6

又西二百里，曰昆吾之山。其上多赤銅，《尸子》所謂「昆吾之劍」也。古人鑄兵器多用銅。有獸焉，其狀如彘而有角，其音如號，名曰蠪蚳，食之不眯。號，平聲。蚳音池。

中 2-7

又西百二十里，曰葌山。葌水出焉，而北流注於伊水。其上多金玉，其下多青雄黃。有木焉，其狀如棠而赤葉，名曰芒草，可以毒魚。芒音亡。此即鼠莽也，蔓生而葉似木形，葉署似棠棃之類，而葉下有赤文，其莖根亦有赤色，大毒，能殺人，亦可制以治風痰之疾，中其毒者，甘草、菉豆、童便皆可解之。

中 2-8

又西一百五十里，曰獨蘇之山。無草木而多水。

中 2-9

又西二百里，曰蔓渠之山。其上多金玉，其下多竹箭。伊水出焉，而東流注於洛。地志云：伊水出弘農盧氏之熊耳山。郭璞曰：熊耳在上洛縣南，東北流至洛陽入洛。地志非是。案：上洛今屬商州。上洛、盧氏皆有熊耳山，而伊水實出上洛也。但古今皆言伊出熊耳，而此言蔓渠，是山川隨時有異名，斯所以難盡考也。有獸焉，其名曰馬腹，其狀如人面，虎身，其音如嬰兒，是食人。此即俗所稱馬虎也，其面略似人面，其毛長足高如馬，實虎類也。「腹」「虎」音近而名耳。

中 2-0

凡濟山經之首，自輝諸之山至於蔓渠之山，凡九山，一千六百七十里。此皆泝伊而上，以西南至於伊水之源。其神皆人面而鳥身。祠用毛，用一吉玉，投而不糈。

中 3-1

中次三經蓂山之首，曰敖岸之山。其陽多㻭琈之玉，其陰多赭、黃金。神熏池居之。是常出美玉。北望河林，其狀如蒨如舉。蓂音負，又音培。「敖」一作「獻」。美玉之「玉」一作「石」。蒨音倩。敖岸即敖倉也，在河陰縣。蓂山非一山，此其首也。薰池之神，未言其狀。河林，敖之北麓濱河者也。蒨，蒼蔥之貌。舉，謂其林氣之飛舉也。有獸焉，其狀如白鹿而四角，名曰夫諸，見則其邑大水。

中 3-2

又東十里，曰青要之山。實維帝之密都。未詳。北望河曲，是多駕鳥；「駕」當作「鴽」，鴽音加，鷺鴻類也。南望墠渚，禹父之所化，是多僕纍、蒲盧。墠音善。墠，渚洲也。《左傳》言「鯀化黃熊入於羽淵」，而又云在此，世之隨處而附會以為古蹟者類似此也。郭氏曰：僕纍，蝸牛也。《爾雅》曰：蒲盧，螺蠃也。謂細腰蜂也。沈存中曰：蒲盧，蒲葦也。䰠武羅司之，其狀人面而豹文，小腰而白齒，而穿耳以鐻，其鳴如鳴玉。䰠音神。「齒」一作「首」。鐻音璩。䰠武羅，神名。鐻，金環也。是山也宜女子。言居此山者多好女也。畛水出焉，而北流注於河。其中有鳥焉，名曰鴢，其狀如鳧，青身而朱目，赤尾，食之宜子。鴢音窈。鴢頭亦鳧類。有草

焉，其狀如葰而方莖，黃華，赤實，其本如藁本，名曰荀草，服之美人色。此亦蘭蕙之類也。藁本似芎藭而香不足，其莖似香薷。美人色，令人色美也。

中 3-3

又東十里，曰騩山。其上有美棗，其陰有琈珸之玉。騩音規。正回之水出焉，而北流注於河，其中多飛魚，其狀如豚而赤文，服之不畏雷，可以禦兵。此又飛魚之一種，如今江狶之類耳。

中 3-4

又東四十里，曰宜蘇之山。其上多金玉，其下多蔓居之木。未詳。潕潕之水出焉，而北流注於河，是多黃貝。

中 3-5

又東二十里，曰和山。其上無草木而多瑤碧。實惟河之九都。是山也五曲，九水出焉，合而北流注於河，其中多蒼玉。吉神泰逢司之，其狀如人而虎尾，是好居於萯山之陽，出入有光，泰逢神動天地氣也。「虎尾」一作「雀尾」。泰逢神司此山，而又曰好居萯山之陽，蓋此五山皆萯山屬也。「出入有光」「動天地氣」猶所謂昭明焄蒿者。此殆次睢之社之類，而俗敬信如或見如此。《呂氏春秋》云：孔甲田於萯山之下，大風晦冥，孔甲迷惑，入於民室。史亦云孔甲田萯山，為雷所震死。

中 3-0

凡萯山之首，自敖岸之山至於和山，凡五山，四百四十里。自敖沿河以東之山。其祠，泰逢、熏池、武羅，皆一牡羊副，䵷同，音劈。《周禮》以䵷辜祭百物，言分磔牲體以祭也。嬰用吉玉。此祭敖岸、青要、和三山也。其二神，用一雄雞瘞之，糈用稌。祭騩及宜蘇也。不言其神狀。

中 4-1

中次四經釐山之首，曰鹿蹄之山。釐不一山，鹿蹄其首。此伊北洛南間山，大抵宜都、伊闕間山也。其上多玉，其下多金。甘水出焉，而北流注於洛，其中多泠石。「泠」或作「涂」。泠石，寒水石也。

中 4-2

西五十里，曰扶豬之山。其上多礝石。礝音輭。礝石，珉也。有獸焉，其

狀如貉而人目，其名曰麘。「貉」古作「貈」。麘音銀，或作「麋」。虢水出焉，而北流注於洛，其中多瓀石。案：西虢在洛之北，去此不遠，或初因此水名邑。

中 4-3

又西一百二十里，曰釐山。釐山，此經之主。其陽多玉，其陰多蒐。蒐音搜。蒐一名茹藘，蒨草也，莖弱中空有筋，葉如杏葉而糙，每四葉對節而生，其根可以染赤。有獸焉，其狀如牛，蒼身，其音如嬰兒，是食人，其名曰犀渠。瀟瀟之水出焉，而南流注於伊水。此又一瀟水。有獸焉，名曰獭，其狀如獳犬而有鱗，其毛如彘鬣。獭，胡結反。獳，犬之多毛者。此獸其體有鱗，而毛出鱗間如彘鬣也。

中 4-4

又西二百里，曰箕尾之山。多榖，多涂石，其上多㻬琈之玉。

中 4-5

又西二百五十里，曰柄山。其上多玉，其下多銅。滔雕之水出焉，而北流注於洛，其中多羬羊。有木焉，其狀如樗，其葉如桐而莢實，其名曰茇，可以毒魚。「茇」一作「艾」。此巴豆之屬。

中 4-6

又西二百里，曰白邊之山。其上多金玉，其下多青雄黃。

中 4-7

又西二百里，曰熊耳之山。此上洛之熊耳也，今在商州西五十里。其上多漆，其下多椶。浮濠之水出焉，而西流注於洛，此洛之別源也，故或者猶以為洛出熊耳。其中多水玉，多人魚。有草焉，其狀如蘇而赤華，名曰葶藭，可以毒魚。葶音庭，藭音窮。此草赤花成穗，好生荒岸。

中 4-8

又西三百里，曰牡山。其上多文石，其下多竹箭、竹䈕，其獸多㸲牛、羬羊，鳥多赤鷩。今商州猶然。

中 4-9

又西三百五十里，曰讙舉之山。洛水出焉，而東北流注於玄扈之水，

其中多馬腸之物。此二山者，洛間也。讙音歡。讙舉山一名冢領山。易氏曰：洛水
出上洛縣西冢嶺山，東流七十里至上洛，東北流九十里至洛南，在熊耳山之西，又四百六十
里至盧氏之熊耳。其道里與此畧合。「玄扈洛汭」間，河之別名也。《河圖》云「玄扈洛汭」
是也。洛至河南鞏縣之西入河。馬腸即馬腹也。又云「此二山者，洛間」，言牡山、讙舉夾洛
水間也。

中4-0

凡釐山之首，自鹿蹄之山至於讙舉之山，凡九山，千六百七十里。
此在洛南伊北，泝洛而上，以窮洛水之源。其神狀皆人面獸身。其祠之毛，用一白
雞，祈而不糈，以彩衣之。

中5-1

中次五經薄山之首，曰苟牀之山。無草木，多怪石。此經大略在洛北河
南。然則，薄山又非甘泉之薄也。或謂此在河北耿都，亦名亳。然則下首山、朝歌似近之，而
尸山以下水皆南流注洛，又不可通矣。凡此宜姑闕之。「苟牀」或作「苟林」。

中5-2

東三百里，曰首山。其陰多穀柞，柞，櫟也。草多荒荒。荒，山薊也，有
蒼朮、白朮二種，其葉抱莖而生。荒，荒華也，其花善逐水。皆入藥用。「荒」字今單作「朮」。
其陽多琈珩之玉，木多槐。其陰有谷，曰机谷，多䴴鳥，其狀如梟而三
目，有耳，其音如錄，食之已墊。䴴音地。墊，都念反。錄，刻木聲。墊，下溼病。

中5-3

又東三百里，曰縣斸之山。無草木，多文石。縣音玄。斸音蠾，又音祝。

中5-4

又東三百里，曰蔥聾之山。無草木，多㕧石。未詳。

中5-5

東北五百里，曰條谷之山。其木多槐桐，其草多芍藥、蔖冬。蔖音門。
蔖冬，一名滿冬，有二種，一曰麥蔖冬，其葉如韭而黑勁，大者葉如山蘭，其根下結丸，尖長
輕脆而肉白；一種曰天蔖冬，蔓生，細葉如松蘿，根下亦結丸似麥冬而大，皆入肺藥。

中 5-6

又北十里，曰超山。其陰多蒼玉。其陽有井，冬有水而夏竭。凡井泉皆夏出冬竭，此獨冬出夏竭，故以為異。

中 5-7

又東五百里，曰成侯之山。其上多櫄木，櫄音春。櫄木似樗而材中車轅，可為棟，其嫩苗香，可食。其草多芁。芁，蒲也。或作「芁」，音交，秦芁也。

中 5-8

又東五百里，曰朝歌之山。谷多美堊。此非紂都之朝歌也。或曰上薄山即耿亳，荀林所謂郇、瑕，首山即首陽在河之曲者，條谷即中條山，則此朝歌即紂都朝歌。然此以東，焉得復有入洛之水？或曰下槐山又承薄山而踰河東南言之。

中 5-9

又東五百里，曰槐山。谷多金錫。

中 5-10

又東十里，曰歷山。其木多槐。其陽多玉。

中 5-11

又東十里，曰尸山。多蒼玉，其獸多麖。麖，麝類，似鹿而小，其色黑，長髮。又，大鹿亦曰麖。尸水出焉，而南流注於洛水，其中多美玉。

中 5-12

又東十里，曰良餘之山。其上多穀柞，無石。餘水出於其陰，而北流注於河。乳水出於其陽，而東南流注於洛。

中 5-13

又東南十里，曰蠱尾之山。多礪石、赤銅。龍餘之水出焉，而東南流注於洛。

中 5-14

又東北二十里，曰升山。其木多穀、柞、棘，其草多諸䕷、蕙，多

寇脫。寇脫草其莖似荷，莖中白瓤今人脫出之以染采作花勝，其入藥曰通草，能利水通乳，又名通脫木。**黃酸之水出焉，而北流注於河，其中多璇玉。**璇音旋。璇石次玉。

中 5-15

又東十二里，曰陽虛之山。多金。臨於玄扈之水。《河圖》曰：蒼頡南巡狩，登陽虛之山，臨於玄扈洛汭，靈龜負書，丹甲青文，以授之。出此水云。

中 5-0

凡薄山之首，自苟牀之山至於陽虛之山，凡十六山，二千九百八十二里。此條多無考。**升山，冢也，**以升山為尊。**其祠禮，太牢，嬰用吉玉。首山，魁也，其祠，用稌、黑犧、太牢之具、糵釀，**釀糵為醴。**干儛，**用武舞。**置鼓，**建鼓也。**嬰用一璧尸。**特祠升之禮也。**尸水，合天也；肥牲祀之，用一黑犬於上，用一雌雞於下，刉一牝羊，獻血，**刉，刲也。**嬰用吉玉，彩之，**加繒綵飾之也。**饗之。**

中 6-1

中次六經縞羝山之首，曰平逢之山。南望伊洛，東望穀城之山。縞羝山在西，此平逢山其首也。此伊洛之北瀍潤諸水所出之山。平逢當伊水入洛處，在洛陽縣之南也。穀城山在河南河南縣之西北，瀍水所出，至偃師入洛。或引濟北之穀城以釋此，非也。**無草木，無水，多沙石。有神焉，其狀如人而二首，名曰驕蟲，是為螫蟲，實惟蠭蜜之廬。**螫音釋。言此神為螫人之蟲之主，而此山為蠭蜜所聚之舍也。蜜亦蠭也。今以蠭所釀者為蜜。**其祠之，用一雄雞，禳而勿殺。**禳，祈禱以去災惡，使勿螫人。其雞則放之而不殺也。

中 6-2

西十里，曰縞羝之山。無草木，多金玉。

中 6-3

又西十里，曰廆山。廆音灰。**其陰多㻬琈之玉。其西有谷焉，名曰雚谷。**雚音權。**其木多柳楮。其中有鳥焉，狀如山雞而長尾，赤如丹火而青喙，名曰鴒䳘，其鳴自呼，服之不眯。**鴒音伶，䳘音腰。不眯，使人通明也。**交觴之水出於其陽，而南流注於洛。俞隨之水出於其陰，而北流注於穀水。**

中 6-4

又西三十里，曰瞻諸之山。其陽多金，其陰多文石。渢水出焉，而東南流注於洛。少水出其陰，而東流注於穀水。渢音謝。少水，今謂之慈澗。

中 6-5

又西三十里，曰婁涿之山。無草木，多金玉。瞻水出於其陽，而東流注於洛。陂水出於其陰，而北流注於穀水，其中多茈石、文石。《爾雅》曰：水自洛出為波。《周禮》：豫州其浸波溠。而此陂水不自洛出，為說不同，意此別一陂水，而又有自洛出之波歟？此水今謂之百荅水云。

中 6-6

又西四十里，曰白石之山。惠水出於其陽，而南流注於洛，其中多水玉。澗水出於其陰，西北流注於穀水，其中多麋石、櫨丹。白石山，一名廣陽山，在今澠池縣東之新安城北，澗水所出，東入於洛。《禹貢》曰「伊洛瀍澗，既入於河」，而此云入穀，宋《輿地圖》又云澗水合瀍入洛，是川原屢有變遷，亦知此書非禹益之書也。麋石、櫨丹，未詳。

中 6-7

又西五十里，曰穀山。其上多穀，其下多桑。爽水出焉，而西北流注於穀水，其下多碧綠。爽水，今謂之紵麻澗。

中 6-8

又西七十二里，曰密山。其陽多玉，其陰多鐵。豪水出焉，而南流注於洛，其中多旋龜，其狀鳥首而鼈尾，其音如判木。無草木。

中 6-9

又西百里，曰長石之山。無草木，多金玉。其西有谷焉，名曰共谷，多竹。共水出焉，西南流注於洛，其中多鳴石。磬石之類也。晉永康元年，襄陽進鳴石，似玉，色青，撞之聲聞七八里，皆此類也。

中 6-10

又西一百四十里，曰傅山。無草木，多瑤碧。厭染之水出於其陽，

而南流注於洛，其中多人魚。其西有林焉，名曰墦冢。穀水出焉，而東流注於洛，其中多珚玉。墦冢即穀陽谷，穀水出穀陽谷，東北至穀城入於洛。珚，未詳。

中 6-11

又西五十里，曰橐山。其木多樗，多㯉木。㯉音糯。㯉木，似樺桃，七八月中吐穗，穗上著粉，吮之其味酸鹹，可以酢羹，俗謂之附鹹桃。其陽多金玉，其陰多鐵，多蕭。蕭，似艾而香。橐水出焉，而北流注於河，其中多脩辟之魚，狀如黽而白喙，其音如鴟，食之已白癬。黽，蛙屬。此魚亦黽屬。癬，蟲圈瘡也。

中 6-12

又西九十里，曰常烝之山。無草木，多堊。潐水出焉，而東北流注於河，其中多蒼玉。潐音譙。菑水出焉，而北流注於河。

中 6-13

又西九十里，曰夸父之山。其木多椶枏，多竹箭，其獸多㸲牛、羬羊，其鳥多鷩。其陽多玉，其陰多鐵。其北有林焉，名曰桃林，是廣圓三百里，其中多馬。桃林，在今陜州閿鄉縣南谷。夸父山當商洛、武關之北也。湖水出焉，而北流注於河，其中多珚玉。蓋因湖水置縣曰湖縣，在閿鄉北。

中 6-14

又西九十里，曰陽華之山。即華山之陽也。其陽多金玉，其陰多青雄黃。其草多諸薷。多苦辛，其狀如橚，其實如瓜，其味酸甘，食之已瘧。橚即楸。名苦辛而味酸甘，亦奇。瘧，寒熱疾也。楊水出焉，而西南流注於洛，其中多人魚。門水出焉，而東北流注於河，其中多玄礵。緒姑之水出於其陰，而東流注於門水，其上多銅。門水至於河，七百九十里入洛水。緒音藉，又音慈。《水經注》云：洛水自上洛縣東北出為門水，北逕弘農故城東注於河，即《爾雅》所謂「洛出為波」者。《通志》云：門水在靈寶縣西南，北流為弘農澗。案：弘農，今陜州也。靈寶縣正當西華之東南，而門水、波水源流為說各異，未詳孰是。意者楊水、緒姑、門水之間，別派相通，以達於河，故洛消則門水入洛，洛溢則入門，而門豬為澤，達楊水入河，如濟之溢滎，菏澤之被孟諸，江漢之溢彭蠡歟？古今川原變易，不能盡同，或決或塞者多矣。此條自洛陽以西南，亦究於洛源而止，而至門水之入河則總括之曰七百九十里入洛水，實以見洛水之源委皆

與河通也。凡武關、商洛、南陽之間皆華山之陽，為秦楚雍梁分限處。《禹貢》云：華陽黑水惟梁州。

中 6-0

凡縞羝山之首，自平逢之山至於陽華之山，凡十四山，七百九十里。嶽在其中，此條無中嶽，而曰嶽在其中，蓋以洛陽居天下之中，王者於此以時望祭四嶽，以其非嶽而祭四嶽，故曰嶽在其中，此殆東周時之書矣。以六月祭之，如諸嶽之祠法，則天下安寧。六月亦歲之中也。《月令》：季夏中央土。

中 7-1

中次七經苦山之首，曰休與之山。此條在伊之東南，汝之西北之山也。「與」或作「輿」。其上有石焉，名曰帝臺之棋，五色而文，其狀如鶉卵。帝臺之石，所以禱百神者，服之不蠱。帝臺，猶言天帝之臺。棋，奕具。蓋美石似玉，故可以禱百神。有草焉，其狀如蓍，赤華而本叢生，名曰夙條，可以為簳。簳音幹。簳，箭笴也。

中 7-2

東三百里，曰鼓鍾之山。帝臺之所以觴百神也。言天帝宴會之所也。有草焉，方莖而黃華，圓葉而三成，成，重也，言其葉三重也。其名曰焉酸，可以為毒。為，治也。此蓋重樓、金線之屬也。其上多礪，其下多砥。

中 7-3

又東二百里，曰姑媱之山。媱音遙。或無「之山」字。帝女死焉，其名曰女尸，化為䔄草，其葉胥成，其華黃，其實如菟丘，服之媚於人。䔄音遙。其葉胥成，言葉相重也。菟丘，菟絲也。服之媚於人，言為人所媚悅也。此草一名荒夫草。此如虞姬化為虞美人草，女子懷人滴流化為秋海棠之說。

中 7-4

又東二十里，曰苦山。南陽古有苦邑。有獸焉，名曰山膏，其狀如逐，當作「豚」。赤若丹火，善罵。詈，罵也。其上有木焉，名曰黃棘，黃華而圓葉，其實如蘭，服之不字。不字，不生子也。有草焉，圓葉而無莖，赤華而不實，名曰無條，服之不癭。

中 7-5

又東二十七里，曰堵山。神天愚居之。是多怪風雨。蓋言天愚實為之也。其上有木焉，名曰天楄，方莖而葵狀，服者不喔。楄音鞭。喔，梗噎也。

中 7-6

又東五十二里，曰放皋之山。「放」一作「效」，又作「牧」。明水出焉，南流注於伊水，其中多蒼玉。有木焉，其葉如槐，黃華而不實，其名曰蒙木，服之不惑。此今密蒙花也，治目疾。有獸焉，其狀如蜂，枝尾而反舌，善呼，其名曰文文。枝尾，尾兩歧也。反舌，舌善翻弄，如百舌鳥也。

中 7-7

又東五十七里，曰大𩰚之山。多琈琈之玉，多麋玉。未詳。有草焉，其狀葉如榆，方莖而蒼傷，其名曰牛傷，其根蒼文，服者不厥，可以禦兵。牛傷，牛棘也，此草遍體皆刺，牛且畏之。厥，逆氣病也。今人猶用其根為傷損藥。其陽狂水出焉，西南流注於伊水，其中多三足龜，食者無大疾，可以已腫。《爾雅》云：龜三足曰賁。常州宜興之君山有池，水中有三足六目之龜。人言三足之鱉食之殺人，故此特言食此龜者無大疾也。

中 7-8

又東七十里，曰半石之山。以上與苦山相聯，大約汝州魯山西境。以下山連中岳，大約在汝州，北連登封境。其上有草焉，生而秀，其高丈餘，赤葉赤華，華而不實，其名曰嘉榮，服之者不霆。此草初生先作穗，卻著葉，花生穗間。來需之水出於其陽，而西流注於伊水，其中多鯩魚，黑文，其狀如鮒，食者不睡。鯩音倫。合水出於其陰，而北流注於洛。多騰魚，狀如鱖，居逵，蒼文赤尾，食者不癰，可以為瘻。騰音滕。鱖音劌。瘻音漏。鱖魚，大口有齒能嚼，有胃，大目，細鱗，鱗蒼黑文。居逵，謂居水中眾流交會處也。瘻，癰屬中之有痰有蟲者。

中 7-9

又東五十里，曰少室之山。太室、少室皆在今河南登封縣之北。百草木成囷。言草木眾積如囷倉然也。其上有木焉，其名曰帝休，葉狀如楊，其枝五衢，黃華黑實，服者不怒。其枝五衢，言每節分五枝，如五達之道也。其上多玉，其下多鐵。休水出焉，而北流注於洛，其中多鯑魚，狀如鰲蜼而長距，足白而

對，食者無蠱疾，可以禦兵。鰲音俯。蜼音雷。鰲蜼，未詳。或曰「鰲」當作「鼊」，
音戾，青黑色也。蜼，蛙也。此魚如青綠色之蛙而長距也。對，義亦未詳。

中 7-10

又東三十里，曰泰室之山。此即中嶽嵩高山也。嵩山形如室，故有太室之名。其
上有木焉，葉狀如梨而赤理，其名曰栯李，服者不妒。即常棣，郁李也，葉
畧似梨而長，花赤，木理亦赤。有草焉，其狀如荒，白華黑實，澤如蘡薁，其名
曰蓍草，服之不昧。蘡薁，蔓生，細葉，實如小葡萄。或以為櫻桃，或以為葡萄，皆誤。
上多美石。

中 7-11

又北三十里，曰講山。其上多玉，多柘，多柏。有木焉，名曰帝屋，
葉狀如椒，反傷，赤實，可以禦凶。反傷，其刺下鉤也。此茱萸之類，或曰即釣鉤
藤也。

中 7-12

又北三十里，曰嬰梁之山。上多蒼玉，錞於玄石。言蒼玉附黑石而生也。

中 7-13

又東三十里，曰浮戲之山。在河南汜水之南。有木焉，葉狀如樗而赤實，
名曰亢木，食之不蠱。汜水出焉，而北流注於河。汜音范。其東有谷，因
名曰蛇谷。「因」當作「其」。上多少辛。即細辛也。

中 7-14

又東四十里，曰少陘之山。有草焉，名曰崗草，葉狀如葵而赤莖白
華，實如蘡薁，食之不愚。崗音剛。此草一名益智，然與蘡薁不甚相似。蘡薁蔓生柔
弱，葉亦頗似葵，實作穗生如瑣瑣葡萄，其實青黑。器難之水出焉，而北流注於役水。
「器難」或作「囂」。「役」一作「侵」。疑作「器」為是。蓋河陰、敖倉間也。

中 7-15

又東南十里，曰太山。此太山在鄭，非東岳太山。有草焉，名曰梨，其葉
狀如荻而赤華，可以已疽。荻，蕭也，非蘆荻。太水出於其陽，而東南流注
於沒水。承水出於其陰，而東北流注於沒。承水，今名靖潤水。

中 7-16

又東二十里，曰末山。上多赤金。末水出焉，北流注於投。末水，《水經》作沫。

中 7-17

又東二十五里，曰役山。上多白金，多鐵。役水出焉，北流注於河。「沒」「役」異文，實一水也。

中 7-18

又東三十五里，曰敏山。上有木焉，其狀如荊，白華而赤實，名曰葪柏，服者不寒。言能耐寒也。其陽多㻬琈之玉。

中 7-19

又東三十里，曰大騩之山。騩音歸。今河南密縣有大歸山，因溝水出焉。蓋以上數山實皆連於大騩山，而因溝即役水也。其陰多鐵、美玉、青堊。有草焉，其狀如蓍而毛，青華而白實，其名曰㔮，服之不夭，可以為腹病。㔮音狼。為，猶治也。今蓍實亦能益壽治腹疾。

中 7-0

凡苦山之首，自休與之山至於大騩之山，凡十有九山，千一百八十四里。其十六神者，皆豕身而人面；其祠毛牷，用一羊羞，毛牷，牲也。用一羊羞，別用一羊為薦羞也。嬰用一藻玉瘞。郭云：藻玉，玉有五采。愚案：此以纁承玉耳。苦山、少室、太室，皆冢也，其祠之，太牢之具，嬰以吉玉，其神狀皆人面而三首。其餘屬皆豕身人面也。此條皆南陽、汝、鄭間，中嶽之山脈也。

中 8-1

中次八經荊山之首，曰景山。今安陸景山。其上多金玉，其木多杼、檀。杼音序。杼，小栗也。睢水出焉，東南流注於江，睢水出新城阿山，東南至枝江縣入江。此非入淮之睢也。其中多丹粟，多文魚。文魚，今石斑魚。

中 8-2

東北百里，曰荊山。此荊豫二州之界也，在今襄陽府南漳縣北。其陰多鐵，其

陽多赤金。其中多犛牛，_{犛音貍，即旄牛。}多豹虎。其木多松柏，其草多竹，多橘、櫾。_{櫾音又。櫾似橘而大，皮厚，味酢，其類不一。}漳水出焉，而東南流注於睢，_{漳水出荊山，南流至當陽縣入沮水。}其中多黃金，多鮫魚。_{鮫魚似鯊，今馬鮫也。}其獸多閭麋。

中 8-3

又東北百五十里，曰驕山。其上多玉，其下多青雘，其木多松柏，多桃枝、鉤端。神𧈢圍處之，其狀如人面，羊角，虎爪，恆遊於睢漳之淵，出入有光。_{𧈢音駝。蓋其神常見於此山也。}

中 8-4

又東北百二十里，曰女几之山。其上多玉，其下多黃金，其獸多豹虎，多閭麋麖麂，_{麂，似獐而大，四目，亦麋屬。}其鳥多白鷮，_{鷮音驕。鷮，似雉而長尾，且走且鳴。}多翟，多鴆。_{鴆音朕。鴆，似鷹而大，紫綠色，長頸，赤喙，好食蝮蛇頭之頭，雄名運目，雌名陰諧，大毒之鳥也。}

中 8-5

又東北二百里，曰宜諸之山。其上多金玉，其下多青雘。滽水出焉，而南流注於漳，_{滽水出荊州滽山，至華容入江。}其中多白玉。_{宜諸疑即今宜都山。}

中 8-6

又東北三百五十里，曰綸山。其木多梓柟，多桃枝，多柤栗橘櫾，_{柤，似梨而酢。}其獸多閭麈麢𡱝。_{麈音主，𡱝音綽。麈似鹿而大，牛尾。𡱝，似兔而鹿足。}

中 8-7

又東北二百里，曰陸郇之山。_{郇音跪。}其上多琈珧之玉，其下多堊，其木多杻橿。

中 8-8

又東百三十里，曰光山。_{今河南光州光山縣。}其上多碧，其下多水。神計蒙處之，其狀人身而龍首，恆遊於漳淵，出入必有飄風暴雨。_{今六安、光州之間奉有金龍神，宜似此。但光山神見於漳淵，似為已遠。}

中 8-9

又東百五十里，曰岐山。非雍、冀之岐山。其陽多赤金，其陰多白珉。珉音民，石似玉者。其上多金玉，其下多青雘，其木多樗。神涉蟲處之，其狀人身而方面，三足。

中 8-10

又東百三十里，曰銅山。銅山非一處，不敢妄指。其上多金銀鐵，名銅山卻不出銅，亦奇。其木多穀柞柤栗橘櫾，其獸多豹。蓋山狗也。

中 8-11

又東北一百里，曰美山。其獸多兕牛，多閭麈，多豕鹿。其上多金，其下多青雘。

中 8-12

又東北百里，曰大堯之山。其木多松柏，多梓桑，多机，其草多竹，其獸多豹虎麢㲋。「㲋」一作「臭」。

中 8-13

又東北三百里，曰靈山。其上多金玉，其下多青雘。其木多桃李梅杏。

中 8-14

又東北七十里，曰龍山。上多寓木，寄生也，一名宛童，一名蔦葉，似當盧，子如覆盆，寄生於他木上。其上多碧，其下多赤錫，其草多桃枝、鉤端。

中 8-15

又東南五十里，曰衡山。此當是穎州之霍山，一名天柱山，漢嘗祀以為南嶽。若湖南衡州之衡山南嶽，則不當在中山之南列矣。然天柱山去光山已不遠，此乃相懸千里。此書道里之遠近多難據也。上多寓木、穀、柞，多黃堊、白堊。

中 8-16

又東南七十里，曰石山。其上多金，其下多青雘，多寓木。

中 8-17

又南百二十里，曰若山。「若」一作「前」。其上多琈珸之玉，多赭，多邽石，未詳何物。多寓木，多柘。

中 8-18

又東南一百二十里，曰彘山。多美石，多柘。

中 8-19

又東南一百五十里，曰玉山。其上多金玉，其下多碧鐵，其木多柏。「柏」一作「栖」。

中 8-20

又東南七十里，曰讙山。其木多檀，多邽石，多白錫。郁水出於其上，潛於其下，其中多砥礪。

中 8-21

又東北百五十里，曰仁舉之山。其木多穀柞。其陽多赤金，其陰多赭。

中 8-22

又東五十里，曰師每之山。其陽多砥礪，其陰多青雘，其木多柏，多檀，多柘，其草多竹。

中 8-23

又東南二百里，曰琴鼓之山。其木多穀柞椒柘。其上多白珉，其下多洗石。其獸多豕鹿，多白犀，今湖廣多白水牛，然未見白犀。其鳥多鴆。

中 8-0

凡荊山之首，自景山至琴鼓之山，凡二十三山，二千八百九十里。此楚之北境，淮南、漢北以東行，衡、霍、盧、皖之間之山也。而自衡山以東多不可考。其神狀皆鳥身而人面。其祠，用一雄雞祈瘞，既祈而埋其雞。用一藻圭，糈用稌。騩山，冢也，其祠，用羞酒、少牢祈瘞，嬰毛一璧。常祠用羞酒、少牢，其有祈禱則瘞埋以毛牲，而又用嬰璧也。

中 9-1

中次九經岷山之首，曰女几之山。曰岷山之首，則女几亦岷山也，以此稱首耳。
晁氏曰：山近江源皆曰岷山，連峯接岫，重疊險阻，不分遠近。然則，下之岷、崍、崌、高、
蛇、鬲，皆岷山耳。**其上多石涅，其木多杻橿，其草多菊荗。**白荗、蒼荗。**洛水
出焉，東注於江，**江不一源。此自西來注者。**其中多雄黃，其獸多虎豹。**

中 9-2

又東北三百里，曰岷山。岷山自岷州衛以南及松潘江源鎮以西，南及威茂，東及
龍安之境，盤廻約七百里皆是。而以青城為第一峯云。「岷」亦作「汶」。**江水出焉，東北
流注於海，**江聚眾源，至江源鎮而始大，乃稱大江，其始出實東南流，至嘉定始折而東，至
瀘州始折而東北，至重慶合州始折而東，經湖廣洞庭又稍迤東北，合漢水，然後東流至江南通
州入海。此言東北流注於海，舉其大略也。**其中多良龜，多鼉。**鼉，似蜥蜴，大者長二
丈，四足能橫飛，不能直騰，能作霧，不能為雨，善崩岸，健啖魚，善睡，夜鳴應更漏，皮可
冒鼓。**其上多金玉，其下多白珉，**今松潘亦出金。**其木多梅棠，**或云「梅」當作
「海」。海棠亦木瓜、棠梨之類也。**其獸多犀象，多夔牛，**蜀山夔牛重數千斤。**其鳥多
翰鷩。**白翰、赤鷩。

中 9-3

又東北一百四十里，曰崍山。江水出焉，東流注於大江。邛州邛崍山，
江水所經流。然在岷山之南，不在岷山東北也。此殆猶在岷州東境之山，岷江之別源也。**其陽
多黃金，其陰多麋、麈，其木多檀、柘，其草多薤、韭，多藥、空奪。**
薤似韭而葉闊，如大蒜。李時珍以藠當之，誤也。藥即虈。空奪即寇脫也。舊以為蛇蛻，非。

中 9-4

又東一百五十里，曰崌山。江水出焉，東流注於大江，案：《海內東經》
云：大江出汶山，北江出曼山，南江出高山，高山在成都西。而舊注以此為北江，山名彼此
互異，未知崌山即曼山否也。**其中多怪蛇，**永昌有鉤蛇，長數丈，尾歧，在水中鉤取岸
上人獸食之，又名馬絆蛇。但永昌遠在蜀西南，未知即此怪蛇否也。**多鬐魚。**未聞。**其木
多楢、杻，**楢音秋。楢，木，車材。**多梅、梓，其獸多夔牛麢臭犀兕。有鳥
焉，狀如鴞而赤身，白首，其名曰竊脂，可以禦火。**案：桑扈名竊脂，此殆
名偶同耳。

中 9-5

又東三百里，曰高梁之山。其上多堊，其下多砥礪。其木多桃枝、鉤端。有草焉，狀如葵而赤華，莢實，白柎，可以走馬。漢中、保寧之間有梁州山，或此高梁州山也。草狀如葵，蓋亦杜蘅之類。

中 9-6

又東四百里，曰蛇山。其上多黃金，其下多堊，其木多枸，多豫樟，其草多嘉榮、少辛。有獸焉，其狀如狐而白尾，長耳，名䖟狼，䖟音巳。見則國內有兵。一作「國有亂」。

中 9-7

又東五百里，曰鬲山。其陽多金，其陰多白珉。蒲鸂之水出焉，而東流注於江，其中多白玉，其獸多犀象熊羆，多猨蜼。蜼，猨屬，仰鼻，岐尾，天雨則自縣樹而以尾塞鼻。

中 9-8

又東北三百里，曰隅陽之山。其上多金玉，其下多青雘，其木多梓桑，其草多茈。徐之水出焉，東流注於江，其中多丹粟。

中 9-9

又東二百五十里，曰岐山。此非扶風之岐山。大抵亦蜀、漢間山耳。其上多白金，其下多鐵，其木多梅梓，多杻楢。減水出焉，東南流注於江。

中 9-10

又東三百里，曰句檷之山。其上多玉，其下多黃金，其木多櫟柘，其草多芍藥。句如字讀。

中 9-11

又東一百五十里，曰風雨之山。其上多白金，其下多石涅，其木多椒、欒，椒音鄒。欒音善。椒，木，未詳。欒，木，白理而膩，宜為櫛。多楊。宣余之（焉）[水]出焉，東流注於江。其中多蛇。其獸多閭麋，多麈豹虎，其鳥多白鷮。

中 9-12

又東北二百里,曰玉山。其陽多銅,其陰多赤金,其木多豫樟楢杻,其獸多豕鹿麢臭,其鳥多鴆。

中 9-13

又東一百五十里,曰熊山。有穴焉,熊之穴,恆出神人,夏啟而冬閉,是穴也冬啟乃必有兵。其上多白玉,其下多白金。其木多樗柳,其草多寇脫。寇脫,活脫木,中有白瓤,即今之通草也。

中 9-14

又東一百四十里,曰騩山。其陽多美玉、赤金,其陰多鐵,其木多桃枝、荊、芭。未詳。

中 9-15

又東二百里,曰葛山。其上多赤金,其下多瑊石,瑊音緘,勁石,似玉。其木多椶栗橘櫾楢杻,其獸多麢臭,其草多嘉榮。

中 9-16

又東一百七十里,曰賈超之山。其陽多黃堊,其陰多美赭,其木多椶栗橘櫾,其中多龍脩。龍須也,生山石穴中,可以為席。

中 9-0

凡岷山之首,自女几山至於賈超之山,凡十六山,三千五百里。此條大抵自岷、嶓之間,東行蜀北漢南東西川間,達於上庸、襄、郢,而東接荆山也。其神狀皆馬身而龍首。其祠毛,用一雄雞瘞,糈用稌。文山、即岷也。句欄、風雨、騩之山,是皆冢也,其祠之,羞酒,進酒酹神。少牢具,嬰毛一吉玉。此祠岷山、句欄、風雨、騩山之禮。熊山,席也,言熊山,神所憑依也。其祠,羞酒,太牢具,嬰毛一璧。干儛,用兵以禳。以熊山恆出神人,且冬啟則必有兵,故隆其禮而干儛,用兵以禳之。祈璆,冕舞。求福祥則祭用璆玉,而舞者用冕服以舞也。

中 10-1

中次十經之首,曰首陽之山。其上多金玉,無草木。此非雷首之首陽。

中 10-2

又西五十里，曰虎尾之山。其木多椒椐，多封石。其陽多赤金，其陰多鐵。

中 10-3

又西南五十里，曰繁繢之山。其木多楢杻，其草多枝句。「繢」「繪」同。句音鉤。枝句，蓋桃枝鉤端也。

中 10-4

又西南二十里，曰勇石之山。無草木，多白金，多水。

中 10-5

又西二十里，曰復州之山。其木多檀。其陽多黃金。有鳥焉，其狀如鴞而一足，彘尾，其名曰跂踵，見則其國大疫。

中 10-6

又西三十里，曰楮山。一作「渚州之山」。多寓木，多椒椐，多柘，多堊。

中 10-7

又西二十里，曰又原之山。其陽多青雘，其陰多鐵。其鳥多鸜鵒。鸜鵒，八哥也，色黑而翅有白毛，頭有毛幘，大如百舌，好群飛，人家畜之，翦治其舌能效人言。

中 10-8

又西五十里，曰涿山。其木多榖柞杻，其陽多㻬琈之玉。

中 10-9

又西七十里，曰丙山。其木多梓檀，多弞杻。弞義未詳。

中 10-0

凡首陽山之首，自首山至於丙山，凡九山，二百六十七里。此條未詳所在。其神狀皆龍身而人面。其祠之毛，用一雄雞瘞，糈用五種之糈。黍稷稻粱麥也。堵山，冢也，其祠之，少牢具，羞酒祠，嬰毛一璧瘞。堵山即楮山也。騩山，帝也，其祠，羞酒，太牢，其合巫祝二人儛，嬰一璧。此

條九山中無騩山，惟前《九經》中有騩山，《七經》中有大騩山。然「岷山」條中已言「騩山，冢也，祠用太牢」矣。豈此條乃自陽山西行而會前「苦山」條，終大騩山以止，故及之與？抑或有錯簡歟？

中 11-1

中次一十一山經荊山之首，曰翼望之山。此亦荊山之別支折而東南行者。湍水出焉，東流注於濟。湍水在南陽。此濟水又名清水，入淮者，非王屋之沇水也。貺水出焉，東南流注於漢，此襄、樊間之水。其中多蛟。其上多松柏，其下多漆梓。其陽多赤金，其陰多珉。

中 11-2

又東北一百五十里，曰朝歌之山。此非河北紂都之朝歌。潕水出焉，東南流注於熒，今南陽舞陽南有潕水入汝，然去此疑遠。其中多人魚，其上多梓枏，其獸多鏖麋。有草焉，名曰莽草，可以毒魚。即芒草也。

中 11-3

又東南二百里，曰帝囷之山。囷，去倫反。其陽多瑾珛之玉，其陰多鐵。帝囷之水，出於其上，潛於其下。多鳴蛇。此去陽城、伊闕之間未遠，故所產與伊洛多相似。

中 11-5

又東南二百里，曰前山。其木多櫧，櫧木似柞而高大，色赤，木宜為地栿，不腐。其子亦似柞子而形圓，有皁斗含之，可食，可濟饑。有苦櫧、甜櫧、栲櫧，數種相似。多柏。其陽多金，其陰多赭。自帝囷以下乃折行東南。

中 11-6

又東南三百里，曰豐山。有獸焉，其狀如猨，赤目、赤喙、黃身，名曰雍和，見則國有大恐。神耕父處之，常遊清泠之淵，出入有光，舊說清泠水在西鄂縣山上，神來時水赤有光耀，今有廟祠之。然去此已遠，疑非。見則其國為敗。有九鐘焉，是知霜鳴。霜降則鐘自鳴。其上多金，其下多穀柞杻橿。

中 11-7

又東北八百里，曰兔牀之山。此「北」字「百」字，皆疑有誤。其陽多鐵，

其木多諸藇，諸藇非木也。此疑當是櫧芋。芋，小栗也。其草多雞穀，其本如雞卵，其味酸甘，食者利於人。

中 11-8

又東六十里，曰皮山。多堊，多赭，其木多松柏。

中 11-9

又東六十里，曰瑤碧之山。其木多梓枏。其陰多青雘，其陽多白金。有鳥焉，其狀如雉，恆食蜚，名曰鴒。蜚，負樊也。此又一鴒鳥，非食蛇之鴒也。

中 11-10

又東四十里，曰支離之山。濟水出焉，南流注於漢。此又一濟水，在南郡之間，南流入漢者。有鳥焉，其名曰嬰勺，其狀如鵲，赤目，赤喙，白身，其尾若勺，其鳴自呼。勺音杓。多牦牛，多羬羊。

中 11-11

又東北五十里，曰秩𥊪之山。𥊪音彫。其上多松柏机柏。机柏，一名括樓，可浣衣垢，置酒中避惡氣。

中 11-12

又西北一百里，曰堇理之山。其上多松柏，多美梓。其陰多丹腹，多金。其獸多豹虎。有鳥焉，其狀如鵲，青身，白喙，白目，白尾，名曰青耕，可以禦疫，其鳴自叫。青耕即青鶺也。

中 11-13

又東南三十里，曰依轱之山。轱音枯。其上多杻橿，多苴。麻也。有獸焉，其狀如犬，虎爪，有甲，其名曰獜，善駚𤺍，食者不風。獜音吝。駚音鞅，𤺍音奮。甲，鱗也。駚𤺍，跳躍趺撲也。不風，不畏風，或云無風疾也。

中 11-14

又東南三十五里，曰即谷之山。多美玉，多玄豹，多閭麈，多麢臭。其陽多珉，其陰多青雘。

中 11-15

又東南四十里,曰雞山。其上多美梓,多桑。其草多韭。

中 11-16

又東南五十里,曰高前之山。其上有水焉,甚寒而清,帝臺之漿也,飲之者不心痛。「清」一作「潛」。舊說河東解縣南檀首山上有水潛出不流。案:此去河東絕遠,非也。此猶當在淮汝之間。其上有金,其下有赭。

中 11-17

又東南三十里,曰游戲之山。多杻檀穀,多玉,多封石。

中 11-18

又東南三十五里,曰從山。其上多松柏,其下多竹。從水出於其上,潛於其下,其中多三足鼈,枝尾,食之無蠱疫。三足鼈一名能,相傳為鯀所化。然醫家言三足鱉食之殺人,而此云食之無蠱疾,豈此以歧尾為不同邪?

中 11-19

又東南三十里,曰嬰䃌之山。䃌音真。其上多松柏,其下多梓櫄。櫄音椿。

中 11-20

又東南三十里,曰畢山。帝苑之水出焉,東北流注於視,「視」當作「瀙」。今南陽、汝寧間有瀙水。其中多水玉,多蛟。其上多瑪琈之玉。

中 11-21

又東南二十里,曰樂馬之山。有獸焉,其狀如彙,赤如丹火,其名曰猄,見則其國大疫。猄音戾。

中 11-22

又東南二十五里,曰葴山。視水出焉,見上。東南流注於汝州,「南」字似誤。其中多人魚,多蛟,多頡。頡似青狗而龐。

中 11-23

又東四十里，曰嬰山。其下多青雘，其上多金玉。

中 11-24

又東三十里，曰虎首之山。多苴椆椐。椆音彫，未詳。

中 11-25

又東二十里，曰嬰侯之山。其上多封石，其下多赤錫。

中 11-26

又東五十里，曰大孰之山。殺水出焉，東北流注於視水，其中多白堊。

中 11-27

又東四十里，曰卑山。其上多桃李苴梓，多纍。纍音誄，亦作虆，千歲藤也，可以為扶老。一曰葛屬。一曰虎豆、貍沙之屬。

中 11-28

又東三十里，曰倚帝之山。其上多玉，其下多金。有獸焉，其狀如䶂鼠，白耳，白喙，名曰狙如，見則其國有大兵。䶂音灰，又音吠。狙音蛆。䶂鼠如鼠而大，又似兔，色紫紺，其皮可裘。

中 11-29

又東三十里，曰鯢山。鯢水出於其上，潛於其下。其中多美堊。其上多金，其下多青雘。

中 11-30

又東三十里，曰雅山。灃水出焉，東流注於視水，灃音禮。南陽有灃水入汝，非九江之灃水也。其中多大魚。其上多美桑，其下多苴，多赤金。

中 11-31

又東五十里，曰宣山。淪水出焉，東南流注於視水，其中多蛟。其上有桑焉，大五十尺，其枝四衢，其葉大尺餘，赤理，黃華，青柎，名曰帝女之桑。

中 11-32

又東四十五里，曰衡山。此又一衡山也。舊以為南嶽衡山，則道里山川遠不相及矣。此條大抵皆淮、漢以北，汝、潁以南之山耳。其上多青雘，多桑。其鳥多鸜鵒。

中 11-33

又東四十里，曰豐山。此條有兩豐山。其上多封石，其木多桑，多羊桃，狀如桃而方莖，可以為皮張。羊桃，萇楚也，又名姚芅子。如桃而小，中有陷痕如小麥，其枝莖畧方如荊，其枝繁而莖弱。其皮柔韌，橫截而脫之成圈，可以籠物，亦可飾弓。故曰可以為皮張，謂以皮飾弓外體也。俗名樺桃。李時珍以此為藤梨、獼猴桃，誤也。藤梨亦有羊桃之名，然蔓生大葉，絕非其類。陸氏《草木狀》之說亦混。郭注云可治皮腫起，亦誤。

中 11-34

又東七十里，曰嫗山。其上多美玉，其下多金，其草多雞穀。

中 11-35

又東三十里，曰鮮山。其木多楢杻荳，其草多䕏冬。其陽多金，其陰多鐵。有獸焉，其狀如膜犬，赤目，白尾，見則其邑有火，名曰㺟即。「膜」當作「獏」。㺟音移。獏犬即白豹也，亦似犬。

中 11-36

又東三十里，曰章山。或作「童山」。其陽多金，其陰多美石。皋水出焉，東流注於澧水，其中多脆石。未詳。

中 11-37

又東二十五里，曰大支之山。其陽多金，其木多穀柞，無草木。無他草木也。

中 11-38

又東五十里，曰區吳之山。其木多苴。

中 11-39

又東五十里，曰聲匈之山。其木多穀，多玉，上多封石。

中 11-40

又東五十里，曰大騩之山。其陽多赤金，其陰多砥石。_{此又一大騩山。}

中 11-41

又東十里，曰踵臼之山。無草木。

中 11-42

又東北七十里，曰歷石之山。_{「歷」一作「磨」。}其木多荊芑。其陽多黃金，其陰多砥石。有獸焉，其狀如貍而白首，虎爪，名曰梁渠，見則其國有大兵。

中 11-43

又東南一百里，曰求山。求水出於其上，潛於其下。中有美赭，其木多苴，多鏽。其陽多金，其陰多鐵。

中 11-44

又東二百里，曰丑陽之山。其上多椆椐。有鳥焉，其狀如烏而赤足，名曰䲹餘，可以禦火。_{䲹音枳。}

中 11-45

又東三百里，曰奧山。其上多柏杻檀，其陽多㻬琈之玉。奧水出焉，東流注於視水。

中 11-46

又東三十五里，曰服山。其木多苴。其上多封石，其下多赤錫。

中 11-47

又東百十里，曰杳山。其上多嘉榮草，多金玉。

中 11-48

又東三百五十里，曰凡山。其木多楢檀杻，其草多香。_{蓋蕑蕙之類。}有獸焉，其狀如彪，黃身，白頭，白尾，名曰聞㺟，見則天下大風。_{㺟音隣。一作「獱」，音瓶，恐非。}

中 11-0

凡荊山之首，自翼望之山至於凡山，凡四十八山，三千七百三十二里。此條大抵由荊山東北行南陽之境，又東南行方城、汝、鄧之間，又東迤行汝、潁之間，陳、蔡、淮西之境。然山川多不可考。其神狀皆彘身人首。其祠毛，用一雄雞祈瘞，用一珪，糈用五種之精。用五穀舂為精米也。禾山，帝也，其祠太牢之具，羞瘞倒毛，以上凡四十七，而此云四十八山。又，上無所謂禾山者，豈遺之歟？亦不詳矣。瘞倒毛，蓋倒埋其牲也。用一璧，牛無常。不必犧牷具也。堵山、玉山，冢也，皆倒祠，羞毛，少牢，嬰毛吉玉。此條中無堵山、玉山，而堵山見《七經》「苦山」條中，苦山亦在南陽，或與此相及歟？玉山則一見於《八經》「景山」條，一見於《九經》「岷山」條，「岷山」條之玉山與此絕不相涉，此山與「景山」條同主荊山，蓋「景山」條行楚境，此條行淮北陳蔡境，南北相並，故此亦及玉山歟？又此二條皆有衡山，蓋亦彼此互及也。不然，則堵山以下十七字為他篇錯簡也。

謹案：以上凡四十七，而末云四十八山，當有遺漏。他本於第三節「帝囷山」後尚有「視山」，復載於此，以備參考。其文曰：又東南五十里，曰視山。其上多韭。有井焉，名曰天井，夏有水，冬竭。其上多桑，多美堊金玉。

中 12-1

中次十二經洞庭山之首，曰篇遇之山。無草木，多黃金。此去洞庭山五百餘里，蓋遙接「岷山、女凡」一經，終於「賈超」者，而又當荊山之陽以起漸東南行，踰洞庭至敷淺原以止，實與《南山經》之北支並行，皆江漢之間山及江之南山川也。

中 12-2

又東南五十里，曰雲山。無草木。有桂竹，甚毒，傷人必死。其上多黃金，雲山蓋雲澤之上之山也。南方有箈竹，大者圍二尺，長三四丈，實中而勁，有毒多刺甚銳，以刺虎，中之即死，今廣中及海南皆有之，又曰筻簩竹，臺灣種此以當郡城。然此雲山尚在江北，蓋物產亦有興廢。其下多琅玕之玉。

中 12-3

又東南一百三十里，曰龜山。其木多穀柞椆椐，其上多黃金，其下多青雄黃，多扶竹。扶竹，邛竹也，高節，實中，而節腫宜為杖，又名扶老竹。

中 12-4

又東七十里，曰丙山。多筀竹，多黃金銅鐵，無木。

中 12-5

又東南五十里，曰風伯之山。其上多金玉，其下多痠石、文石，痠石，未詳。多鐵。其木多柳杻檀楮。其東有林焉，名曰莽浮之林，多美木鳥獸。

中 12-6

又東一百五十里，曰夫夫之山。其上多黃金，其下多青雄黃，其木多桑楮，其草多竹、雞鼓。神于兒居之，其狀人身而手操兩蛇，常遊於江淵，出入有光。于兒疑即俞兒，而他書言其衣冠乘馬，與此不合。

中 12-7

又東南一百二十里，曰洞庭之山。此岳州之西洞庭湖中之君山也。古有洞庭陂，今因以名湖。或以今蘇州太湖中之洞庭山釋此，誤甚矣。其上多黃金，其下多銀鐵，其木多柤梨橘櫾，其草多葌、蘪蕪、芍藥、芎藭。葌，蘭也。蘪蕪與芎藭同類而有大小之異。帝之二女居之，是常遊於江淵。澧沅之風，交瀟湘之淵，是九江之間，出入必以飄風暴雨。帝之二女，謂堯之二女以妻舜者娥皇女英也。相傳謂舜南巡狩，崩於蒼梧，二女奔赴哭之，隕於湘江，遂為湘水之神。屈原《九歌》所謂「湘君」「湘夫夫」，《列仙傳》所謂「江妃二女」是也。澧水在今澧州，《禹貢》水道自入江，今則自入湖。沅水出靖州，東北流至常德入湖。瀟水自郴州北流入湘。湘水出永州，北流至長沙入洞庭湖。蓋洞庭湖一湖實瀦湘瀟沅漸激蒸衡汨辰九水，而輸於岷江，故洞庭湖《禹貢》謂之九江。《地理志》謂「九江在潯陽南，江自潯陽而分為九，故曰九江」，非也。二女實主湘江，而九江當湘下流，故此言二女恆遊江淵，鼓澧沅之風波以交於瀟湘，而在九江之間。然此已屬荒唐，姑因其文而備說耳。是多怪神，狀如人面載蛇，左右手操蛇。今洞庭湖中尚多神怪及怪風雨。多怪鳥。

中 12-8

又東南一百八十里，曰暴山。其木多樅柟荊芑竹箭鏑箘，「芑」「杞」同。箘，小竹，中箭笴者。《禹貢》荊州以箘入貢，今岳州、長沙猶多竹箭。其上多黃金、

玉，其下多文石、鐵，其獸多麋鹿麞就。<small>今洞庭之旁尚多麋鹿。就，義未詳，或曰鵰鷲也。</small>

中 12-9

又東南二百里，曰即公之山。其上多黃金，其下多璦珸之玉，其木多柳杻檀桑。有獸焉，其狀如龜而白身，赤首，名曰蜼，是可以禦火。<small>蜼音詭。</small>

中 12-10

又東南一百五十九里，曰堯山。其陰多黃堊，其陽多黃金。其木多荊芑柳檀，其草多諸蔿、茈。

中 12-11

又東南一百里，曰江浮之山。其上多銀、砥礪，無草木，其獸多豕鹿。

中 12-12

又東二百里，曰真陵之山。其上多黃金，其下多玉，其木多穀柞柳杻，其草多榮草。

中 12-13

又東南一百二十里，曰陽帝之山。多美銅，其木多橿杻㯯楮，<small>㯯，山桑也。</small>其獸多麢麝。

中 12-14

又南九十里，曰柴桑之山。<small>柴桑，今在江西南康府也，地連廬阜。《禹貢》導山條亦云：岷山之陽，至於衡山，過九江，至於敷淺原。《蔡傳》以敷淺原為廬阜。蓋岷山支脈盡處，與此畧合。</small>其上多銀，其下多碧，多冷石、赭，<small>九江、南康諸郡出石膏，所謂冷石疑即石膏也。</small>其木多柳芑楮桑，其獸多麋鹿，多白蛇、<small>白花蛇也，出蘄州。蘄與柴桑亦畧近。</small>飛蛇。<small>舊云即螣蛇，乘霧而飛者。</small>

中 12-15

又東二百三十里，曰榮余之山。其上多銅，其下多銀，其木多柳芑。其蟲多怪蛇怪蟲。<small>此大約在九江、湖口。</small>

中 12-0

凡洞庭山之首，自篇遇之山至於榮余之山，凡十五山，二千八百里。此條始江漢之間，過九江而行江之南，阻彭蠡、潯陽而止。其神狀皆鳥身而龍首。以在中山之南條，故其神之尸象亦與此南山神同。大抵南山神多象鳥，西山神象羊牛，北山神象蛇，東山神多象龍，中山則或雜取，亦各以其類也。其祠毛，用一雄雞、一牝豚刏，刏，割也。祠山或太牢或少牢，或一牲或雞，蓋以山之大小為秩，抑亦各因土俗也。糈用稌。粢多用稌，蓋祀山神以水產也。凡夫夫之山、即公之山、堯山、陽帝之山，皆冢也，其祠，皆肆瘞，祈用酒，毛用少牢，嬰毛一吉玉。祠此四山皆肆陳牲玉而瘞埋之，其牲毛少牢，其玉以吉玉也。洞庭、榮余山，神也，其祠皆肆瘞，祈酒，太牢祠，嬰用圭璧十五，五彩惠之。此特祠洞庭、榮余二山也。惠，猶飾也。以「繢」為「惠」，音相近也。

中 12-0-0

右中經之山志，大凡百九十七山，二萬一千三百七十一里。

大凡天下名山，五千三百七十，居地，大凡六萬四千五十六里。

禹曰：天下名山，經五千三百七十山，六萬四千五十六里，居地也。言其五藏，蓋其餘小山甚眾，不足記云。天下之東西二萬八千里，南北二萬六千里。據西學推之，地毬九萬里，則其徑五萬里。自南極至北極，地面上相去四萬五千里，東西亦如之。蓋西學以北極高下經緯之度合日影長短參合之，每二百五十里而北極高下度應之，是為可據云。出水之山八千里，受水者八千里。出銅之山四百六十七，出鐵之山三千六百九十。此天地之所分壤樹穀也，分壤以山水言，樹穀以平地言。戈矛之所發也，刀鎩之所起也。戈矛以誅伐，刀鎩以便用，皆以銅鐵言。能者有餘，拙者不足。以人事言。封於太山，禪於梁父，此言王者於太山之上封土為壇以祭告於天，又於梁父山除地為墠以祭后土，此後世封禪之說所從起也。蓋因名山升中於天，古王者巡狩四嶽而柴望祭告，此禮之常。後世乃誇張其事，而失古人之意，且惑於符讖，勞民傷財多矣。梁父，太山旁山名。七十二家。得失之數，皆在此內。是謂國用。言古之封禪者七十二君也。《管子》亦云然。然所謂得失之數云云，則未詳所指。此必非禹之言也。

右《五藏山經》五篇，大凡一萬五千五百三字。此又後人總括其數如此。

山海經存卷之五　終

山海經存卷之六

婺源汪紱雙池釋

後學烏程盧葆辰子純、同邑程夢元颺園、同邑戴彭景筠、同邑余家鼎彝伯，同校字

海外南經_{畢氏沅曰：此秀所題也。下同。}**第六**謹案：汪氏原題九卷而闕卷之六卷之七，案次分卷當以《海外四經》為卷之六，《海內四經》為卷之七。今謹遵畢氏校正本補錄經文及郭傳，並節採畢說以便參考，更為補圖於各經之後。

地之所載，六合之閒，四方上下為六合也。畢氏曰：據《列子》夏革引此文有「大禹曰」，此無者，蓋此文承上卷「禹曰天下名山」云云，劉秀分為二卷耳。四海之內，照之以日月，經之以星辰，紀之以四時，要之以太歲，神靈所生，其物異形，或夭或壽，唯聖人能通其道。言自非窮理盡性者，則不能原極其情變。

海外自西南陬至東南陬者。陬，猶隅也，音騶。畢氏曰：《淮南子·墜形訓》凡海外三十六國，用此經文，而起自西北至西南方，次自西南至東南方，次自東南至東北方，次自東北至西北方，與此異也。「者」，《說文》云：別事詞也。

結匈國在其西南，其為人結匈。臆前肤出，如人結喉也。

南山在其東南，自此山來，蟲為蛇、蛇號為魚。以蟲為蛇，以蛇為魚。一曰南山在結匈東南。畢氏曰：凡「一曰」云云者，是劉秀校此經時附著所見他本異文也。舊亂入經文，當由郭注此經時升為大字。

比翼鳥在其東，其為鳥青赤，似鳧。兩鳥比翼。一曰在南山東。

羽民國畢氏曰：《博物志》曰：羽民國多鸞鳥，民食其卵，去九疑萬三千里。在其東南，其為人長頭，身生羽。能飛不能遠，卵生，畫似仙人也。一曰在比翼鳥東南，其為人長頰。《啟筮》曰：羽民之狀，鳥喙赤目而白首。

有神人二八連臂，為帝司夜於此野。晝隱夜見。在羽民東，其為人小頰赤肩，當脾上正赤也。盡十六人。疑此後人所增益語耳。

畢方鳥在其東，青水西，其為鳥人面一腳。一曰在二八神東。

讙頭國在其南，其為人人面，有翼，鳥喙，方捕魚。讙兜，堯臣，有罪，自投南海而死，帝憐之，使其子居南海而祠之。畫亦似仙人也。一曰在畢方東。或曰讙朱國。

厭火國在其國南，獸身，黑色，生火出其口中。言能吐火，畫似獼猴而黑色也。一曰在讙朱東。

三株樹在厭火北，生赤水上，其為樹如柏，葉皆為珠。一曰其為樹若彗。如彗星狀。

三苗國畢氏曰：《淮南子‧墜形訓》有「三苗民」，高誘注云：三苗，蓋謂帝鴻氏之裔子渾敦、少暤氏之裔子窮奇、縉雲氏之裔子饕餮，三族之苗裔，亦謂之三苗。又云：三苗國民在豫章之彭蠡。《史記正義》云：吳起云，左洞庭而右彭蠡；今江州、鄂州、岳州，三苗之地也。在赤水東，其為人相隨。昔堯以天下讓舜，三苗之君非之，帝殺之；有苗之民叛入南海，為三苗國。一曰三毛國。

戴國畢氏曰：「戴」舊本作「載」，非。在其東，其為人黃，能操弓射蛇。《大荒經》云：此國自然有五穀衣服。戴音秩，亦音替。一曰戴國在三毛東。

貫匈國畢氏曰：《淮南子‧墜形訓》有「穿匈民」，高誘注云：穿孔達背。《竹書紀年》云：黃帝軒轅氏五十九年，貫匈氏來賓。《括地圖》云：禹平天下，會於會稽之野，又南經，防風之神弩射之，有迅雷，二神恐，以刃自貫其心，禹哀之，乃拔刃療以不死草，皆生，是為貫匈之民。《博物志》云：穿匈人去會稽萬五千里。俱見李善注《文選》。案《竹書》，黃帝時已有貫匈民，則《括地圖》之言未得其實也。在其東，其為人匈有竅。《尸子》曰：四夷之民，有貫匈者、有深目者、有長肱者，黃帝之德常致之。《異物志》曰「穿匈之國，去其衣則無自然」者，蓋似效此貫匈人也。一曰在戴國東。

交脛國在其東，其為人交脛。言腳脛曲戾相交，所謂「雕題」「交趾」者也。或作「頸」，其為人交頸而行也。一曰在穿匈東。

不死民在其東，其為人黑色，壽，不死。有員丘山，上有不死樹，食之乃壽；亦有赤泉，飲之不老。一曰在穿匈國東。

歧舌國在其東。其人舌皆歧。或云支舌也。一曰在不死民東。

昆侖虛在其東，虛四方。虛，山下基也。畢氏曰：此東海方丈山也。《爾雅》云：三成為昆侖丘。是「昆侖」者，高山皆得名之。此在東南方，當即方丈山也。《水經注》云：東

海方丈，亦有昆侖之稱。又案：舊本「虛」作「墟」，非。一曰在岐舌東，為虛四方。

羿與鑿齒戰於壽華之野，畢氏曰：「壽華」，《淮南子·齊俗篇》作「疇華」，高誘注云：南方澤名。羿射殺之。在昆侖虛東，羿持弓矢，鑿齒持盾。鑿齒亦人也，齒如鑿，長五六尺，因以名云。畢氏曰：《淮南子·齊俗篇》云：堯之時，鑿齒為民害，堯乃使羿誅鑿齒於疇華之野。高誘注云：鑿齒，獸名，齒徹領下而持戈盾。案：高誘云「獸名」，以鑿齒與封豨、修蛇並列，其實非也。經云「持弓矢」「持盾」者，亦所見圖像然與？一曰戈。未詳。

三首國在其東，其為人一身三首。一曰在鑿齒東。

周饒國在其東，其為人短小冠帶。其人長三尺，穴居，能為機巧，有五穀也。一曰焦僥國在三首東。《外傳》云：焦僥民長三尺，短之至也。《詩含神霧》曰：從中州以東西四十萬里得焦僥國，人長尺五寸也。

長臂國在其東，捕魚水中，兩手各操一魚。舊說云其人手下垂至地。魏黃初中，玄菟太守王頎討高句麗王宮，窮追之，過沃沮國，其東界臨大海，近日之所出。問其耆老：「海東復有人否？」云：「嘗在海中得一布褐，身如中人衣，兩袖長三丈。」即此長臂人衣也。一曰在焦僥東，捕魚海中。

狄山，帝堯葬于陽，《呂氏春秋》曰：堯葬穀林。今陽城縣西、東阿縣城次鄉中、赭陽縣湘亭南，皆有堯冢。帝嚳葬于陰。嚳，堯父，號高辛。今冢在頓丘縣城南臺陰野中也。音酷。爰有熊、羆、文虎、彫虎也。《尸子》曰：中黃伯，余左執大行之獲，而右搏彫虎也。蜼、豹、蜼，獼猴類。離朱、木名也，見《莊子》。今圖作赤鳥。視肉。聚肉，形如牛肝，有兩目也，食之無盡，尋復更生如故。吁咽，所未詳也。文王皆葬其所。今文王墓在長安鄠聚社中。案帝王冢墓皆有定處，而《山海經》往往復見之者，蓋以聖人久於其位，仁化廣及，恩洽鳥獸；至於殂亡，四海若喪考妣，無思不哀；故絕域殊俗之人，聞天子崩，各自立坐而祭醊哭泣，起土為冢。是以所在有焉。亦猶漢氏諸遠郡國皆有天子廟，此其遺象也。畢氏曰：文王所葬，既與堯、嚳不同所，又此禹經，安從紀文王之葬？以為《五臧山經》五篇是禹所著也，《海外經》已下是周秦人說《山海圖》之文。詳其文義，因圖有湯及嚳而兼及文王葬也。一曰湯山。一曰爰有熊、羆、文虎、蜼、豹、離朱、鴟久、鴟久，鴟鶹之屬。視肉、虖交。所未詳也。其范林方三百里。言林木氾濫布衍也。

南方祝融，獸身人面，乘兩龍。火神也。

海外西經第七原闕。今補。

海外自西南陬至西北陬者。畢氏曰：《淮南子·墬形訓》云自西北至西南方，起修股民、肅慎民，正與此文倒。知此經是說圖之詞。或右行，則自西南至西北，起三身國；或

左行，則自西北至西南，起修股民。是漢時猶有《山海經圖》，各依所見為說，故不同也。

　　滅蒙鳥在結匈國北，為鳥青，赤尾。

　　大運山高三百仞，在滅蒙鳥北。

　　大樂之野，夏后啟畢氏曰：此有「夏后啟」者，証知周時說圖象之文。于此儛九代。九代，馬名。儛，謂盤作之令舞也。乘兩龍，雲蓋三層。層，猶重也。左手操翳，羽葆幢也。右手操環，玉空邊等為環。佩玉璜。半璧曰璜。在大運山北。《歸藏·鄭母經》曰：夏后啟筮，御飛龍登于天，吉。明啟亦仙也。一曰大遺之野。《大荒經》云「大穆之野」。

　　三身國在夏后啟北，一首而三身。

　　一臂國在其北，一臂、一目、一鼻孔。有黃馬虎文。一目而一手。

　　奇肱之國肱或作厶。奇音羈。在其北，其人一臂三目，有陰有陽。乘文馬。陰在上，陽在下。文馬即吉良也。有鳥焉，兩頭，赤黃色，在其旁。其人善為機巧，以取百禽。能作飛車，從風遠行。湯時得之於豫州界中，即壞之不以示人。後十年西風至，復作遣之。

　　形夭與帝至此爭神，帝斷其首，葬之常羊之山。乃以乳為目，以臍為口，操干戚以舞。干，盾；戚，斧也。是為無首之民。

　　女祭、女戚在其北，居兩水間。戚操魚鮔，鱓魚屬。祭操俎。肉几。䴔鳥、鶹鳥，次詹兩音。其色青黃，所經國亡。此應禍之鳥，即今梟、鴟鵂之類。在女祭北。䴔鳥人面，居山上。一曰維鳥，青鳥、黃鳥所集。

　　丈夫國在維鳥北，其為人衣冠帶劍。殷帝太戊使王孟採藥，從西王母至此，絕糧，不能進。食木實，衣木皮，終身無妻，而生二子，從形中出，其父即死。是為丈夫民。

　　女丑之尸，生而十日炙殺之，在丈夫北。以右手鄣其面，蔽面。十日居上，女丑居山之上。

　　巫咸國在女丑北，右手操青蛇，左手操赤蛇，在登葆山，羣巫所從上下也。採藥往來。

　　并封在巫咸東，其狀如彘，前後皆有首，黑。今弩弦蛇亦此類也。

　　女子國在巫咸北，兩女子居，水周之。有黃池，婦人入浴，出即懷姙矣。若生男子，三歲輒死。周，猶繞也。《離騷》曰「水周於堂下」也。一曰居一門中。

　　軒轅之國畢氏曰：《水經注》云：南安姚瞻以為黃帝生于天水，在上邽城東。在此窮山之際，其不壽者八百歲。其國在山南邊也。《大荒經》曰：岷山之南。在女子國北。人面蛇身，尾交首上。

窮山在其北，不敢西射，畏軒轅之丘。言敬畏黃帝威靈，故不敢向西而射也。在軒轅國北。其丘方，四蛇相繞。繚繞繆繩。

渚夭畢氏曰：舊本作「此諸夭」，非。《博物志》作「渚沃之野」。之野，夭音妖。鸞鳥自歌，鳳鳥自舞。鳳皇卵，民食之；甘露，民飲之，所欲自從也。言滋味無所不有，所願得自在，此謂夭野也。百獸相與羣居。在四蛇北。其人兩手操卵食之，兩鳥居前導之。

龍魚陵居在其北，狀如貍。或曰龍魚似貍，一角。一曰鰕。音遐。有神巫畢氏曰：舊本作「即有神聖」，據章懷太子賢注《後漢書》引此作「有神巫」，上無「即」字，是也。乘此以行九野。九域之野。一曰鼈魚鼈音惡橫也。在夭野北，其為魚也如鯉。

白民之國在龍魚北，白身被髮。言其人體洞白。有乘黃，其狀如狐，其背上有角，乘之壽二千歲。《周書》曰：白民乘黃，似狐，背上有兩角。即飛黃也。《淮南子》曰：天下有道，飛黃伏皁。

肅慎之國在白民北，有樹名曰雄或作雒。常。先入代帝，於此取之。其俗無衣服，中國有聖帝代立者，則此木生皮可衣也。

長股之國在雄常北，被髮。國在赤水東也。長臂人身如中人，而臂長三丈，以類推之，則此人腳過三丈矣。黃帝時至。或曰，長腳人常負長臂人入海中捕魚也。一曰長腳。或曰有喬國。今伎家喬人蓋象此身。

西方蓐收，左耳有蛇，乘兩龍。金神也。人面虎爪，白毛執鉞，見《外傳》。畢氏曰：《尚書大傳》云：西方之極，自流沙西至三危之野，帝少皞、神蓐收司之。《淮南子·時則訓》云：西方之極，自昆侖，絕流沙、沈羽，西至三危之國、石城、金室、飲氣之民、不死之野，少皞、蓐收之所司者萬二千里。

海外北經第八原闕。今補。

海外自東北陬至西北陬者。畢氏曰：《淮南子·墜形訓》云：自東北至西北陬。同，而起跂踵民終無繼民，與此文正倒。疑《淮南子》當作「自西北至東南〔註1〕方」，或傳寫之誤也。

無𥫱之國音啟，或作綮。在長股東，為人無𥫱。𥫱，肥腸也。其人穴居，食土，無男女。死即薶之，其心不朽，死百廿歲乃復更生。

〔註1〕東南當作東北。

鍾山之神名曰燭陰。燭龍也，是燭九陰，因名云。畢氏曰：此無啓國所有也。山即陰山，在山西、陝西塞外，「陰」「鍾」聲相近，「燭龍」「燭陰」亦音相近。《詩含神霧》云：天不足西北，無有陰陽，故有龍銜火精以往照天門中。見李善注《文選》。《淮南子·墜形訓》云：燭龍在雁門北，蔽于委羽之山，不見日，其神人面龍身而無足。高誘注云：委羽，北方山名；一曰，龍銜燭以照太陰，蓋長千里，視為晝，瞑為夜，吹為冬，呼為夏。案：《淮南》云「雁門北」，亦謂今山西塞外山也。視為晝，瞑為夜，吹為冬，呼為夏。不飲，不食，不息。息為風。身長千里，在無啓之東。其為物，人面蛇身赤色。居鍾山下。《淮南子》曰：龍身無足。

一目國在其東，一目中其面而居。一曰有手足。

柔利國在一目東，為人一手一足，反膝，曲足居上。一腳一手反卷曲也。一云留利之國，人足反折。

共工之臣曰相柳氏，共工，霸九州者。九首畢氏曰：疑言九頭，九人也；首，頭。以食于九山。頭各自食一山之物，言貪暴難饜。相柳之所抵，厥為澤谿。抵，觸；厥，掘也，音撅。禹殺相柳，其血腥，不可以樹五穀種。禹厥之，三仞三沮。掘塞之而土三沮陷，言其血膏浸潤壞也。乃以為眾帝之臺。言地潤溼，唯可積土以為臺觀。在昆侖之北，此昆侖山在海外者。柔利之東。相柳者，九首，人面，蛇身而青。不敢北射，畏共工之臺。臺在其東。臺四方，隅有一蛇，虎色，首衝南方。衝，猶向也。

淡目國在其東，為人舉一手。一目一作曰。畢氏曰：據此則「一曰」當為劉秀校字。在共工臺東。

無腸之國在淡目東，一作南。其為人長而無腸。為人長大，腹內無腸，所食之物直通過。

聶耳之國畢氏曰：「聶」當為「耴」。《淮南子·墜形訓》無此國，而有云「夸父耽耳在其北方」，此文亦近夸父國，蓋即耽耳國也。《說文》云：耴，耳垂也。與瞻耳義同。在無腸國東，使兩文虎，為人兩手聶其耳，言耳長，行則以手攝持之也。音諾頰反。縣居海水中，縣，猶邑也。及水所出入奇物，言盡規有之。兩虎在其東。

夸父與日逐走，入日。言及日於將入也。逐音冑。渴，欲得飲。飲于河渭，河渭不足。北飲大澤，未至，道渴而死。棄其杖，化為鄧林。夸父者，蓋神人之名也。其能及日景而傾河渭，豈以走飲哉？寄用於走飲耳。幾乎不疾而速，不行而至者矣。此以一體為萬殊，存亡代謝，寄鄧林而遯形，惡得尋其靈化哉？

博父國在聶耳東，其為人大，右手操青蛇，左手操黃蛇。鄧林在其

東，二樹木。一曰博父。<small>畢氏曰：云「二樹木」，疑釋鄧林詞。云「一曰博父」，言「夸父」一作「博父」。</small>

禹所積石之山<small>畢氏曰：當云「禹所導積石之山」，此脫「導」字。</small>在其東，河水所入。<small>河出昆侖，而潛行地下，至蔥嶺復出，注鹽澤，從鹽澤復行，南出於此山，而為中國河，遂注海也。《書》曰：導河積石。言時有壅塞，故導利以通之。</small>

拘纓之國在其東，一手把纓。<small>言其人常以一手持冠纓也。或曰「纓」宜作「癭」。</small>一曰利纓之國。尋木長千里，在拘纓南，生河上西北。

跂踵國<small>跂音企。</small>在拘纓東，其為人大，兩足亦大。<small>其人行，腳跟不著地也。《孝經鈎命訣》曰：焦僥、跂踵，重譯欵塞也。一曰大踵。</small>

歐絲之野<small>畢氏曰：《博物志》作「嘔絲」。案：「歐」當為「漚」字之假音，云「吐絲」恐非。</small>在大踵東，一女子跪據樹歐絲。<small>言噉桑而吐絲，蓋蠶類也。</small>

三桑無枝在歐絲東，其木長百仞無枝。<small>言皆長百仞也。</small>

范林方三百里，在三桑東，州環其下。<small>洲，水中可居者。環，繞也。</small>

務隅之山，帝顓頊葬于陽，<small>顓頊號為高陽，冢今在濮陽，故帝丘也。一曰頓丘縣城門外廣陽里中。</small>九嬪葬于陰。<small>嬪，婦。</small>一曰爰有熊、羆、文虎、離朱、鴟久、視肉。

平丘<small>畢氏曰：《淮南子》云「華丘」。</small>在三桑東，爰有遺玉、<small>遺玉，玉石。</small>青鳥、視肉，<small>畢氏曰：高誘注《淮南子》云：其人不知言也。</small>楊、柳，甘柤、<small>其樹枝幹皆赤，黃華，白葉，黑實。《呂氏春秋》曰：箕山之東有甘柤焉。音如柤黎之柤。</small>甘華、<small>亦赤枝幹黃華。</small>百果所生。有兩山夾上谷，二大丘居中，名曰平丘。

北海內有獸，其狀如馬，名曰騊駼。<small>陶塗兩音，見《爾雅》。</small>有獸焉，其名曰駮，狀如白馬，鋸牙，食虎豹。<small>《周書》曰：義渠茲白，茲白若白馬，鋸牙，食虎豹。案此二說與《爾雅》同。</small>有素獸焉，狀如馬，名曰蛩蛩。<small>即蛩蛩鉅虛也，一走百里，見《穆天子傳》。音邛。</small>有青獸焉，狀如虎，名曰羅羅。

北方禺彊，人面鳥身，珥兩青蛇，踐兩青蛇。<small>字玄冥，水神也。《莊周》曰：禺彊立於北極。一曰禺京。一本云：北方禺彊，黑身手足，乘兩龍。</small>

海外東經第九<small>原闕。今補。</small>

海外自東南陬至東北陬者。

嗟丘，<small>音嗟，或作髮。</small>爰有遺玉、青馬、視肉，楊桃、甘柤、甘華，甘

果所生，在東海，兩山夾丘，上有樹木。一曰嗟丘。一曰百果所在。在堯葬東。

大人國在其北，為人大，坐而削船。<small>畢氏曰：皆言圖象。</small>一曰在蹉丘北。

奢比之尸在其北，<small>亦神名也。</small>獸身、人面、大耳，珥兩青蛇。<small>珥，以蛇貫耳也，音釣餌之餌。</small>一曰肝榆之尸在大人北。

君子國在其北，衣冠帶劍，食獸，使二大虎在旁，其人好讓不爭。有薰<small>或作「菫」。</small>華草，朝生夕死。一曰在肝榆之尸北。

蚩蚩在其北，<small>音虹。</small>各有兩首。<small>虹，蝃蝀也。</small>一曰在君子國北。

朝陽之谷，神曰天吳，是為水伯。在蚩蚩北兩水間。其為獸也，八首人面，八足八尾，皆青黃。〔註2〕<small>《大荒東經》作「十尾」。</small>

青丘國在其北，<small>其人食五穀，衣絲帛。</small>其狐四足九尾。一曰在朝陽北。<small>《汲郡竹書》曰：栢杼子征於東海，及王壽，得一狐九尾。即此類也。</small>

帝命豎亥步，自東極至于西極，五億十選<small>豎亥，健行人。選，萬也。</small>九千八百步。<small>畢氏曰：《淮南子·墜形訓》云：禹乃使大章步，自東極至于西極，二億三萬三千五百里七十五步；使豎亥步，自北極至于南極，二億三萬三千五百里七十五步。劉昭注《郡國志》云：《山海經》稱禹使大章步，自東極至于西垂，二億三萬三千三百里七十一步；又使豎亥步，南極盡于北垂，二億三萬三千五百里七十五步。案之此經，無禹使大章云云文，或俗本脫之與？又其數與《淮南》、劉昭所引不合，未詳其審也。</small>豎亥右手把算，左手指青丘北。<small>畢氏曰：此亦圖象然耳。一曰禹令豎亥。一曰五億十萬九千八百步。《詩含神霧》曰：天地東西二億三萬三千里，南北二億一千五百里，天地相去一億五萬里。</small>

黑齒國在其北，<small>《東夷傳》曰：倭國東四千餘里有裸國，裸國東南有黑齒國，船行一年可至也。《異物志》云「西屠染齒」，亦以放此人。</small>為人黑齒，<small>畢氏曰：舊本脫「齒」字。</small>食稻啖蛇，一赤一青，<small>一作「一青蛇」。</small>在其旁。一曰在豎亥北，為人黑首，食稻，使蛇，其一蛇赤。下有湯谷。<small>谷中水熱也。畢氏曰：《虞書》：宅嵎夷曰暘谷。《說文》作「崵」。案：「湯」「暘」「崵」皆一也。</small>湯谷上有扶桑，<small>扶桑，木也。</small>十日所浴，在黑齒北，居水中，有大木，九日居下枝，一日居上枝。<small>《莊周》云：昔者十日並出，草木焦枯。《淮南子》亦云：堯乃令羿射十日，中其九日，日中烏盡死。《離騷》所謂「羿焉彈日，烏焉落羽」者也。《歸藏·鄭母經》云：昔者羿善射，畢十日，果畢之。《汲</small>

<small>〔註2〕汪紱《詩經詮義》：「騶虞之名，《淮南子》書及司馬相如《封禪書》皆嘗言之。《山海經》所謂天吳，意亦即此，但怪誕其形耳。諸書雖不足盡信，然亦可以見騶虞之為獸名有自來矣。」</small>

郡竹書》曰：胤甲即位，居西河，有妖孽，十日竝出。明此自然之異有自來矣。《傳》曰：天有十日，日之數十。此云「九日居下枝，一日居上枝」，《大荒經》又云「一日方至，一日方出」，明天地雖有十日，自使以次第迭出運照。而今俱見，為天下妖災，故羿稟堯之命，洞其靈誠，仰天控弦，而九日潛退也。假令器用可以激水烈火，精感可以降霜回景，然則，羿之鑠明離而斃陽烏，未足為難也。若搜之常情，則無理矣。然推之以數，則無往不通。達觀之客，宜領其玄致，歸之冥會，則逸義無滯，言奇不廢矣。

雨師妾在其北，雨師，謂屏翳也。其為人黑，兩手各操一蛇，左耳有青蛇，右耳有赤蛇。一曰在十日北，為人黑身，人面，各操一龜。

玄股之國在其北，髀以下盡黑，故云。其為人衣魚，以魚皮為衣也。食驅，驅，水鳥也，音憂。使兩鳥夾之。一曰在雨師妾北。

毛民之國在其北，為人身生毛。今去臨海郡東南二千里有毛民，在大海洲島上，為人短小，而體盡有毛，如豬、能，穴居，無衣服。晉永嘉四年，吳郡司鹽都尉戴逢在海邊得一船，上有男女四人，狀皆如此，言語不通，送詣丞相府，未至，道死，惟有一人在。上賜之婦，生子，出入市井，漸曉人語。自說其所在是毛民也。《大荒經》云「毛民食黍」者是矣。一曰在玄股北。

勞民國在其北，其為人黑。食果草實也，有一鳥兩頭。或曰教民。一曰在毛民北，為人面目手足盡黑。

東方勾芒，鳥身人面，乘兩龍。木神也，方面素服。《墨子》曰：昔秦穆公有明德，上帝使勾芒賜之壽十九年。

建平元年四月丙戌，待詔太常屬臣望校治，侍中光祿勳臣龔、侍中奉車都尉光祿大夫臣秀領主省。

山海經存卷之六　終

山海經存卷之七

婺源汪紱雙池釋

後學烏程盧葆辰子純、同邑程夢元颾園、同邑戴彭景筠、同邑余家鼎彝伯，同校字

海內南經第十原闕。今補。

海內東南陬以西者。從南頭起之也。

甌居海中。今臨海永寧縣即東甌，在岐海中也。音嘔。閩在海中。音旻。其西北有山。閩越即西甌，今建安郡是也，亦在岐海中。一曰閩中山在海中。

三天子鄣山音章。畢氏曰：山在今安徽歙縣。在閩西海北。今在新安歙縣東，今謂之三王山，浙江出其邊也。張氏《土地記》曰：東陽永康縣南四里有石城山，上有小石城，云黃帝曾遊此，即三天子都也。一曰在海中。

桂林八樹在賁畢氏曰：舊本作「番」，非。隅東。八樹而成林，信其大也。賁隅，音番禺，今番禺縣。畢氏曰：舊本傳文有脫字，今據李善注《文選注》〔註1〕。又《水經注》云：浪水東別，逕番禺，《山海經》謂之「賁禺」者也。

伯慮國、未詳。離耳國、鎪離其耳，分令下垂，以為飾，即儋耳也。在朱崖海渚中。不食五穀，但噉蚌及諸蓏也。雕題國、點涅其面，畫體為鱗采，即鮫人也。北朐國，音劬，未詳。皆在鬱水南。鬱水出湘陵南海。一曰相慮。

梟陽國在北朐之西，其為人人面、長唇、黑身、有毛、反踵，見人笑亦笑，左手操管。《周書》曰：州靡髬髬者，人身，反踵，白笑，笑則上唇掩其面。《爾

〔註1〕當作：今據李善《文選注》補。

雅》云「狒狒」。《大傳》曰：「《周書》成王時州靡國獻之。」《海內經》謂之「贛巨人」。今交州南康郡深山中皆有此物也，長丈許，腳跟反向，健走，被髮，好笑。雌者能作汁，灑中人即病。土俗謂之山都。南康今有贛水，以有此人，因以名水，猶《大荒》說地有蝛人，人因號其山為蝛山，亦此類也。

兕在舜葬東，湘水南，其狀如牛，蒼黑，一角。畢氏曰：此言舜葬東圖此獸也。[蒼梧之山，]帝舜葬于陽，即九疑山也。《禮記》亦曰「舜葬蒼梧之野」。帝丹朱葬于陰。今丹陽復有丹朱冢也。《竹書》亦曰：后稷放帝朱于丹水。與此義符。丹朱稱帝者，猶漢山陽公死加獻帝之諡也。畢氏曰：云「帝丹朱」者，猶言「帝子丹朱」也。郭說非。

氾林方三百里，在狌狌東。或作「猩猩」，字同耳。狌狌知人名，其為獸如豕而人面。《周書》曰：鄭郭狌狌者，狀如黃狗而人面，頭如雄雞，食之不眯。今交州封谿出狌狌，土俗人說云，狀如豚而腹如狗，聲如小兒啼也。在舜葬西。

狌狌西北有犀牛，其狀如牛而黑。犀牛似水牛，豬頭，在狌狌知人名之西北，庳腳，三角。

夏后啟之臣曰孟涂，是司神于巴，巴畢氏曰：舊本脫一「巴」字，今據《水經注》增。人聽其獄訟，為之神主。請訟于孟涂之所，令斷之也。其衣有血者乃執之，不直者則血見於衣。是請生。言好生也。居山上，在丹山西。丹山在丹陽南，丹陽巴屬也。今建平郡丹陽城秭歸縣東七里，即孟涂所居也。

窫窳龍首，居弱水中，在狌狌知人名之西，其狀如龍首，食人。窫窳本蛇身人面，為貳負臣所殺，復化而成此物也。有木，其狀如牛，《河圖玉版》說「芝草樹生，或如車馬，或如龍蛇之狀」，亦此類也。引之有皮，若纓、黃蛇，言牽之皮剝如人冠纓及黃蛇狀也。其葉如羅，如綾羅也。其實如欒，欒，木名，黃本赤枝青葉，生雲雨山。或作卵，或作麼。音欒。其木若蓲，蓲亦木名，未詳。其名曰建木。在窫窳西弱水上。建木青葉、紫莖、黑花、黃實，其下聲無響、立無影也。

氐人國音觸抵之抵。在建木西，其為人，人面而魚身，無足。蓋胷以上人，胷以下魚也。

巴蛇食象三歲而出其骨。君子服之，無心腹之疾。今南方蚒蛇吞鹿，鹿已爛，自絞於樹，腹中骨皆穿鱗甲閒出，此其類也。《楚詞》曰：有蛇吞象，厥大何如。說者云長千尋。其為蛇，青黃赤黑。一曰黑蛇青首。在犀牛西。

旄馬，其狀如馬，四節有毛，《穆天子傳》所謂「豪馬」者。亦有旄牛。在巴蛇西北，高山南。

匈奴、_{一曰獫狁。}開題之國、_{音提。}列人之國，竝在西北。_{三國竝在旄馬西}
_{北。}

海內西經第十一_{原闕。今補。}

海內西南陬以北者。

貳負之臣曰危，危與貳負殺窫窳，帝乃桎之疏屬之山，_{桎，猶繫縛也，}
_{古沃切。}桎其右足，_{桎，械也。}反縛兩手與髮，_{并髮合縛之也。}繫之山上木，在
開題西北。_{漢宣帝使人上郡發盤石，石室中得一人，跣裸，被髮，反縛，械一足。以問羣臣，}
_{莫能知。劉子政按此言對之，宣帝大驚。於是時人爭學《山海經》矣。論者多以為是其尸象，}
_{非真體也。意者以靈怪變化論，難以理測。物稟異氣出于不然，不可以常運推，不可以近數揆}
_{矣。魏時有人發故周王冢者，得殉女子，不死不生，數日時有氣，數月而能語，狀如廿許人。送}
_{詣京師，郭太后愛養之，恆在左右。十餘年，太后崩，此女哀思哭泣，一年餘而死。即此類也。}

大澤方百里，羣鳥所生及所解，_{百鳥於此生乳，解之毛羽。}在雁門北。

雁門山，雁出其間，_{畢氏曰：《水經注》引此作「門」。}在高柳北。

高柳在代北。_{畢氏曰：「北」《水經注》引此作「中」。}

后稷之葬，山水環之，_{在廣都之野。}在氐國西。

流黃酆氏之國，中方三百里，_{言國城內。}有塗_{畢氏曰：「塗」當為「涂」。}四
方，中有山，在后稷葬西。

流沙出鍾山，_{畢氏曰：此即山西、陝西塞外陰山也。}西行，又南行昆侖之虛，
西南入海，黑水之山。_{今西海居延澤，《尚書》所謂流沙者，形如月生五日也。}

東胡在大澤東。

夷人在東胡東。

貊國在漢水東北，_{今扶餘國即濊貊故地，在長城北，去玄菟千里，出名馬、赤玉、}
_{貂皮、大珠如酸棗也。}地近于燕，滅之。

孟鳥_{亦鳥名也。}在貊國東北，其鳥文赤黃青，東鄉。

海內昆侖之虛_{畢氏曰：言「海內」者，是肅州之山。《說文》云：虛，大丘也，昆侖}
_{丘謂之昆侖虛。}在西北，_{言海內者，明海外復有昆侖山。}帝之下都。昆侖之虛方八
百里，高萬仞，_{皆謂其虛基廣輪之高庳耳。自此以上二千五百餘里，上有醴泉、華池，去}
_{嵩高五萬里，蓋天地之中也，見《禹本紀》。}上有木禾，長五尋，大五圍，_{木禾，穀}
_{類也，生黑水之阿，可食，見《穆天子傳》。}面有九井，以玉為檻，_{檻，欄。}面有九

門，門有開明獸守之，百神之所在。此自別有小昆侖也。畢氏曰：舊本無此傳，今據《水經注》增入。郭以此為小昆侖，非。《博物志》云：漢使張騫度西海至大秦，西海之濱有小昆侖。則是肅州之山，乃古之昆侖。小昆侖在海外，郭說正相反。在八隅之巖、在巖閒也。赤水之際，非仁羿莫能上岡之巖。言非仁人及有才藝如羿者，不能得登此山之岡嶺巉巖也。羿嘗請藥西王母，亦言其得道也。「羿」一或作「聖」。赤水出東南隅，以行其東北，西南流注南海厭火東。

河水出東北隅，以行其北，西南又入勃海，又出海外，即西而北，入禹所導積石山。禹治水，復決疏之，故云導河積石。

洋音翔。水、黑水出西北隅，以東，東行又東北，南入海羽民南。

弱水、青水出西南隅，以東，又北，又西南過畢方鳥東。《西域傳》：烏弋國去長安萬五千餘里，西行可百餘日至條枝國，臨西海，長老傳聞有弱水西王母云。《東夸傳》亦曰：長城外數千里亦有弱水。皆所未見也。《淮南子》云：弱水出窮石。窮石，今之西郡那冉，蓋其派別之源耳。畢氏曰：郭說非也。此「弱水」即《夏書》「弱水」。既西及《淮南子》出窮石之弱水，非條枝之水。

昆侖南淵深三百仞。靈淵。開明獸，身大類虎而九首皆人面，東嚮立昆侖上。天獸也。《銘》曰：開明天獸，稟資乾精；瞵視昆侖，威振百靈。

開明西有鳳皇、鸞鳥，皆戴蛇，踐蛇，膺有赤蛇。

開明北有視肉、珠樹、文玉樹、五彩玉樹。玗琪樹、玗琪，赤玉屬也。吳天璽元年，臨海郡吏伍曜在海水際得石樹，高二尺餘，莖葉紫色，詰曲傾靡，有光彩，即玉樹之類也。于其兩音。不死樹。言長生也。鳳凰、鸞鳥皆戴瞂。音伐，盾也。又有離朱、木禾、柏樹、甘水、即醴泉也。聖木、食之令人智聖也。曼兌。未詳。一曰挺木牙交。《淮南》作「璇樹」。璇，玉類也。

開明東有巫彭、巫抵、巫陽、巫履、巫凡、巫相，皆神醫也。《世本》曰：巫彭作醫。《楚詞》曰：帝告巫陽。夾窫窳之尸，皆操不死之藥以距之。為距卻死氣求更生也。窫窳者，蛇身人面，貳負臣所殺也。

服常樹，其上有三頭人伺琅玕樹。服常木未詳。琅玕子似珠。《爾雅》曰：西北之美者，有昆侖之琅玕焉。《莊周》曰：有人三頭，遞臥遞起，以司琅玕與玗琪子。謂此人也。

開明南有樹、鳥六首、蛟、蛟似蛇，四腳，龍類也。蝮蛇、蜼、豹、鳥秩樹。木名，未詳。於表池樹木，言列樹以表池，即華池也。誦鳥、鳥名，形未詳。鶽、鵰也。《穆天子傳》曰：爰有白鶽、青鵰。音竹筍之筍。視肉。

海內北經第十二_{原闕。今補。}

海內西北陬以東者。

蛇巫之山，上有人，操柸而東向立。一曰龜山。「柸」或作「梧」，字同。

西王母梯几而戴勝，杖，梯，謂憑也。其南有三青鳥，為西王母取食，又有三足鳥主給使。在昆侖虛北。

有人曰大行伯，把戈。其東有犬封國。昔盤瓠殺戎王，高辛以美女妻之，不可以訓，乃浮之會稽東〔南〕海中，得三百里地封之，生男為狗，女為美人，是為狗封之國也。貳負之尸在大行伯東。

犬封國曰犬戎國，狀如犬，黃帝之後弁明，生白犬二頭，自相牝牡，遂為此國。言狗國也。有一女子方跪進柸食。與酒食也。有文馬，縞身，色白如縞。朱鬣，目若黃金，名曰吉量，一作良。乘之壽千歲。《周書》曰：犬戎文馬，赤鬣，白身，目若黃金，名曰吉黃之乘，成王時獻之。《六韜》曰：文身，朱鬣，眼若黃金，項若雞尾，名曰雞斯之乘。《大傳》曰：駮身，朱鬣，雞目。《山海經》亦有吉廣之乘，壽千歲者。惟名有不同，說有小錯，其實一物耳。今博舉之以廣異聞也。

鬼國在貳負之尸北，為物人面而一目。一曰貳負神在其東，為物人面蛇身。

蜪犬音陶。或作蚼，音鉤。畢氏曰：《說文》云：北方有蚼犬食人。則當為「蚼」。如犬，青，食人從首始。窮奇狀如虎，有翼，毛如蝟。食人從首始，所食被髮，在蜪犬北。一曰從足。

帝堯臺、帝嚳臺、帝丹朱臺、帝舜臺，各二臺，臺四方，在昆侖東北。此蓋天子巡狩所經過，夷狄慕聖人恩德，輒共為築立臺觀，以標顯其遺跡也。一本云：所殺相柳地腥臊，不可種五穀，以為眾帝之臺。

大蠭其狀如螽，朱蛾其狀如蛾。蛾，蚍蜉也。《楚詞》曰：玄蜂如壺，赤蛾如象。謂此也。

蟜，其為人虎文，脛有腎，言腳有腨腸也。蟜音橋。在窮奇東。一曰狀如人。昆侖虛北所有。此同上物事也。

闒非，人面而獸身，青色。闒音楊。

據比一云掾北。之尸，其為人折頸，被髮，無一手。

環狗，其為人獸首，人身。一曰蝟狀如狗，黃色。

祙，其為物人身，黑首，從目。祙即魅也。

戎，為人人首，三角。

林氏國有珍獸，大若虎，五采畢具，尾長于身，名曰騶吾，乘之日行千里。《六韜》云：紂囚文王，閎夭之徒詣林氏國，求得此獸獻之，紂大悅，乃釋之。《周書》曰：史林尊耳，尊耳若虎，尾參於身，食虎豹。《大傳》謂之侄獸。「吾」宜作「虞」也。畢氏曰：舊本「史林尊耳」作「夾林酋耳」，非。

昆侖虛南所有，氾林方三百里。

從極之淵深三百仞，維冰夷恆都焉。冰夷，馮夷也。《淮南》云：馮夷得道，以潛大川。即河伯也。《穆天子傳》所謂「河伯無夷」者，《竹書》作「馮夷」，字或作「冰」也。

冰夷人面，乘兩龍。畫四面，各乘靈車，駕二龍。一曰中極之淵。

陽汙之山，河出其中。畢氏曰：即潼關也，河出其下。凌門之山，河出其中。皆河之枝源所出之處也。畢氏曰：即龍門山也。

王子夜之尸，兩手、兩股、匈、首、齒皆斷，異處。此蓋形解而神連，貌乖而氣合，合不為密，離不為疏。

舜妻登比氏，生宵明、燭光，即二女字也，以能光照因名云。處河大澤，澤，河邊溢漫處。二女之靈，能照此所方百里。言二女神光所燭及者方百里。一曰登北氏。

蓋國在鉅燕南倭北，倭屬燕。倭國在帶方東大海內，以女為主，其俗露紛，衣服無鍼功，以丹朱塗身，不妒忌，一男子數十婦也。畢氏曰：《括地志》云：倭國，武皇后改為日本國，在今濟南，隔海依島而居。見《史記正義》。

朝鮮在列陽東海北山南，列陽屬燕。朝鮮，今樂浪縣，箕子所封也。列，亦水名也，今在帶方，帶方有列口縣。

列姑射在海河州中。山名也，山有神人，河洲在海中，河水所經者，《莊子》所謂藐姑射之山也。

姑射國在海中，屬列姑射，畢氏曰：《莊子》云：姑射之山在汾水之陽。是在今山西，非此山也。郭注誤引之。西南山環之。

大蟹在海中。蓋千里之蟹也。

陵魚人面，手足，魚身，在海中。

大鯾居海中。鯾，即魴也，音鞭。

明組音祖。邑居海中。

蓬萊山在海中。上有仙人，宮室皆以金玉為之，鳥獸盡白，望之如雲，在勃海中也。

大人之市在海中。

海內東經第十三原闕。今補。

海內東北陬以南者。

鉅燕在東北陬。

國在流沙中者，埻_{音敦}。端、璽映_{，音喚，或作「繭」「暎」}。在昆侖虛東南。一曰海內之郡，不為郡縣，在流沙中。

國在流沙外者，大夏、_{大夏國城方二三百里，分為數十國，地溫和，宜五穀}。豎沙、居繇、_{畢氏曰：裴松之注《三國》引《魏畧》作「堅沙、屬繇」}。月支之國。_{月支國多好馬、美果，有大尾羊如驢尾，即羱羊也，小月支、天竺國皆附庸也。繇音遙}。

西胡白玉山在大夏東。蒼梧在白玉山西南。皆在流沙西，昆侖虛東南。昆侖山在西胡西，皆在西北。_{《地理志》：昆侖山在臨羌西，又有西王母祠也}。_{畢氏曰：詳上文，此或大秦西海之昆侖，而郭反以肅州昆侖注之}。

雷澤中有雷神，龍身而人頭，鼓其腹，在吳西。_{今城陽有堯冢、靈臺，雷澤在北也。《河圖》曰：大跡在雷澤，華胥履之，而生伏羲}。

都州在海中。一曰郁州。_{今在東海朐縣界。世傳此山在蒼梧從南徙來，上皆有南方物也。郁音鬱}。

琅邪臺在勃海閒，琅邪之東，_{今琅邪在海邊，有山嶕嶢特起，狀如高臺，此即琅邪臺也。琅邪者，越王句踐入霸中國之所都}。其北有山。一曰在海閒。

韓鴈在海中，郁州南。

始鳩在海中，轅厲南。_{國名，或曰鳥名也}。

會稽山在大楚南。_{畢氏曰：此云「大楚」，禹時無此國，蓋周秦人釋圖象之詞}。

_{畢氏曰：右《海內東經》，古本為第三十四篇，舊本合「岷三江首」以下云云為篇，非，今附在後}。

岷，三江首。大江出汶山，_{今江出汶山郡升遷縣岷山，東南經蜀郡、犍為至江陽，東北經巴東、建平、宜都、南郡、江夏、弋陽、安豐，至廬江南界，東北經淮南、下邳至廣陵郡，入海。畢氏曰：山在今四川茂州東南}。北江出曼山，_{畢氏曰：曼山疑即蒙山，在今四川名山縣西北，「曼」「蒙」音相近，北江疑即青衣水也}。南江出高山，_{畢氏曰：疑即邛水，在今四川榮經縣，北至雅州合青衣水也}。高山在成都西，入海在長州南。

浙江出三天子都，_{畢氏曰：水出今安徽歙縣西北黃山，亦曰新安江。《水經》云：漸江水出三天子都。注云：《山海經》謂之「浙江」也。《說文》云：漸水出丹陽黟，東入海。又云：浙江水東至會稽山陰為浙江。《地理志》云：黟，漸江水出南蠻夷中，東入海。《史記索隱》云：韋昭曰，浙江在今錢唐，音折；晉灼音逝，非也；蓋其流曲折，《莊子》所謂「制河」即其}

水也,「制」「浙」聲相近。案:此江出今安徽黟縣,名漸江,至會稽以其曲折名浙江,《說文》云云最明也。三天子都在今安徽績溪縣。顧野王云:今永康晉雲山,是三天子之都,今在績溪縣東九十里,吳於此山分界焉。見《太平寰宇記》。**在蠻**畢氏曰:舊本作「其」,今据《太平寰宇記》引改正。**東**,案《地理志》:浙江出新安黟縣南蠻中,東入海。今浙江錢塘是也。蠻即歙也。浙音折。**在閩西北,入海,餘暨南。**餘暨縣屬會稽,今為永興縣。

廬江出三天子都,入江,彭澤西。彭澤,今彭蠡也,在尋陽彭澤縣。畢氏曰:今鄱陽湖也。**一曰天子鄣。**

淮水出餘山,畢氏曰:水出今河南桐柏縣西南九十里桐柏山。《說文》云:淮水出南陽平氏桐柏大復山,在東南入海。《地理志》云:東南至淮陵入海。《水經》云:出平氏縣胎簪山,東北過桐柏山。**餘山在朝陽東,義鄉西,入海,淮浦北。**今淮水出義陽平氏縣桐柏山山東北,經汝南、汝陰、淮南、譙國、下邳,經淮陰縣,入海。朝陽縣今屬新野。

湘水出舜葬東南陬,西環之,環,繞也。今湘水出零陵營道縣陽朔山,入江。**入洞庭下。**洞庭,地穴也,在長沙巴陵。今吳縣南太湖中有包山,下有洞庭穴道潛行水底,云無所不通,號為地脈。**一曰東南西澤。**

漢水出鮒魚之山,《書》曰:嶓冢導漾,東流為漢。案《水經》:漢水出武都沮縣東狼谷,經漢中、魏興,至南鄉,東經襄陽,至江夏安陸縣,入江,別為沔水,又為滄浪之水。**帝顓頊葬于陽,九嬪葬于陰,四蛇衛之。**言有四蛇衛守山下。

濛水出漢陽西,畢氏曰:此漢陽言在漢水之陽,漢水乃犍為入延之漢水也,漢遂為縣。**入江,**漢陽縣屬朱提。**聶陽西。**

溫水出崆峒,[崆峒] 山畢氏曰:山在今甘肅平涼府西陰盤,今靈臺縣。**在臨汾南,**畢氏曰:「汾」當為「涇」字之誤也。**入河,華陽北。**今溫水在京兆陰盤縣,水常溫也。臨汾縣屬平陽。

穎水出少室,畢氏曰:水出今河南登封少室山。**少室山在雍氏南,入淮西鄢北。**今穎水出河南陽城縣乾山,東南經穎川、汝陰,至淮南下蔡,入淮。鄢,今鄢陵縣,屬穎川。**一曰緱氏。**縣屬河南。音鉤。

汝水出天息山,畢氏曰:水出今河南嵩縣西南。**在梁勉鄉西,南入淮極西北。**今汝水出南陽魯陽縣大盂山,東北至河南梁縣,東南經襄城、穎川、汝南,至汝陰褒信縣入淮。淮極,地名。**一曰淮在期思北。**期思縣屬弋陽。

涇水出長城北山,畢氏曰:水出今甘肅平涼縣西南筓頭山。**山在郁郅、長垣北,**皆縣名也。郅音桎。**北入渭,戲北。**今涇水出安定朝那縣西筓頭山,東南經新平、扶風,至京兆高陵縣入渭。戲,地名,今新豐縣也。

渭水出鳥鼠同穴山，<small>畢氏曰：水出今甘肅渭源縣西鳥鼠山。</small>東注河，入華陰北。<small>鳥鼠同穴山，今在隴西首陽縣，渭水出其東，經南安、天水、略陽、扶風、始平、京兆、弘農華陰縣，入河。</small>

白水出蜀，<small>畢氏曰：水出今甘肅臨洮縣西傾山。</small>而東南注江，<small>色微白濁，今在梓橦白水縣。源從臨洮之西西傾山來，經沓中，東流通陰平，至漢壽縣入潛。</small>入江州城下。<small>江州縣屬巴郡。</small>

沅水山<small>畢氏曰：「山」字疑羨。</small>出象郡鐔城西，<small>象郡，今日南也。鐔城縣，今屬武陵。音尋。畢氏曰：《地理志》「鐔城」，武陵縣；象郡，漢曰日南。此云象郡，疑秦時此縣屬象郡，此秦人書也。</small>入東注江，入下雋西，<small>下雋縣，今屬長沙。音昨兗反。</small>合洞庭中。<small>《水經》曰：沅水出牂牁且蘭縣，又東北至鐔城縣為沅水，又東過臨沅縣南，又東至長沙下雋縣。</small>

贛水出聶都東山，<small>今贛水出南康南野縣西北。音感。畢氏曰：山在今江西南安縣西，贛水出，俗曰章水。</small>東北注江，入彭澤西。

泗水出魯東北<small>畢氏曰：水出今山東兗州府東南陪尾山。</small>而南，西南過湖陵西，而東南注東海，入淮陰北。<small>今泗水出魯國卞縣，西南至高平胡陸縣，東南經沛國、彭城、下邳，至臨淮下相縣，入淮。</small>

鬱水出象郡，<small>畢氏曰：水即豚水也，出今雲南寶寧縣，西北六十里曰西洋江，一源出今廣西歸順州，及安南境內，曰麗江，至南寧府西合江鎮，會為鬱江。</small>而西南注南海，入須陵東南。

肄<small>音如肄習之肄。</small>水出臨武<small>畢氏曰：舊作「晉」，据《水經注》改。</small>西南，<small>畢氏曰：即溱水也。水出今湖南臨武縣。</small>而東南注海，入番禺西。<small>番禺縣屬南海，越之城下也。</small>

湟<small>[音黃。]畢氏曰：舊本作「潢」。据《水經注》引此作「湟」。</small>水出桂陽西北山，<small>畢氏曰：水出今湖南桂陽州西南，即洭水也，亦云桂水。</small>東南注肄水，入郭浦西。<small>畢氏曰：未詳。舊本作「敦浦」，今据《水經注》引此作「郭」。</small>

洛水出洛西山，<small>畢氏曰：《水經注》引此云：出上洛西山。水出今陝西洛南縣西北冢領山，自渭南縣境發源，流五里入縣境洛西山，即冢領山。</small>東北注河，入成皋之西。<small>《書》云：道洛自熊耳。案《水經》，洛水今出上洛冢嶺山，東北經弘農，至河南鞏縣入河。成皋縣亦屬河南也。</small>

汾水出上窳北，<small>音愈。畢氏曰：水出今山西靜樂縣北管涔山。</small>而西南注河，入皮氏南。<small>今汾水出太原晉陽故汾陽縣，東南經晉陽，西南經西河平陽，至河東汾陰入河。皮氏縣屬平陽。</small>

沁水出井陘山東，畢氏曰：今水出山西沁源縣北綿山。**東南注河，入懷東南。**
懷縣屬河內。河內北有井陘山。

濟水出共山南東丘，「共」與「恭」同。畢氏曰：「濟」當為「沛」，即沈水也。濟
出常山房子縣贊皇山。沛，沈也，東入于海，見《說文》。經傳多以「濟」為「沛」，非也。云
「出共山南東丘」者，出今河南濟源縣，共山在縣北十二里。**絕鉅野澤，**絕，猶截度也。鉅
野今在高平。**注勃海，入齊琅槐東北。**今濟水自滎陽卷縣，東經陳留至濟陰北，東北至
高平，東北經濟南，至樂安博昌縣入海，今碣石也。諸水所出，又與《水經》違錯。以為凡山
川或有同名而異實，或同實而異名，或一實而數名，似是而非，似非而是，且歷代久遠，古今
變易，語有楚夏，名號不同，未得詳也。

潦水出衛皋東，出塞外衛皋山，玄菟高句驪縣有潦山，小潦水所出，西河注大潦。
音遼。**東南注勃海，入潦陽。**潦陽縣屬潦東。

虖沱水出晉陽城南，而西畢氏曰：水出今山西繁時縣北泰戲山。**至陽曲北，
而東注渤海，**經河間樂城，東北注勃海也。晉陽、陽曲縣皆屬太原。**入越章武北。**章
武，郡名。

漳水出山陽東，畢氏曰：濁漳水出今山西長子縣西發鳩山，東至河南涉縣與清漳合，
清漳水出山西樂平縣沾嶺，自合濁漳水，東北至直隸青縣南合清河，又東北屈東逕天津府北，
東入于海。**東注渤海，入章武南。**新城汧陰縣亦有漳水。

建平元年四月丙戌，待詔太常屬臣望校治，侍中光祿勳臣龔、侍中奉車都
尉光祿大夫臣秀領主省。

山海經存卷之七　終

山海經存卷之八

婺源汪紱雙池釋

後學烏程盧葆辰子純、同邑程夢元厖園、同邑戴彭景筠、同邑余家鼎彝伯，同校字

大荒東經第十四

東海之外大壑。謂無底谷也。《離騷》所謂「降土大壑」也。

少昊之國，少昊孺帝顓頊於此，棄其琴瑟。孺，生育也。有甘山者，甘水出焉，生甘淵。案：魯曲阜本少昊所都。郯國在魯東，少昊之後也。郯臨東海，豈此所稱少昊之國邪？

大荒東南隅有山，名皮母地丘。傳聞有不能詳，而記其名。

東海之外，大荒之中，有山，名曰大言，日月所出。凡言日月所出入者，或望見之以為出此處耳。

有波谷山者，有大人之國。《春秋》有長狄。《穀梁傳》曰：長狄身橫九畝，載其頭，眉見於軾。又，《孔子家語》載吳人得一骨專車，訪於孔子，孔子曰此禹所戮防風也。大人之國或謂是歟？秦時大人見於臨洮，身長五丈，腳跡六尺，或以為長狄遺種也。晉永嘉二年，有鷟鳥集始安陂中，民周虎羅得之。有木矢貫之，鐵鏃，其長六尺有半，以矢計之，其射者當身長一丈五六尺也。又，倭國人嘗舟行，遭風吹度海外，見一國人皆長丈餘，形狀類胡也。《河圖玉版》云：從崑崙以北九萬里，得龍伯國，人長二十丈，生萬八千歲乃死；從崑崙以東得大秦，人長十丈，皆衣帛；從此以東十萬里得佻人國，長三十丈五尺；從此以東十萬里得中秦國，人長一丈。案：西域有大秦國，然無所謂長十丈人者。地毬不過九萬里，又烏所謂數十萬里者

— 117 —

邪？有大人之市，名曰大人之堂，舊說山形如堂也。有一大人踆其上，張其兩耳。「踆」古「蹲」字。

有小人國名靖人。「靖」或作「矮」。《含神霧》云：中州以東南四十萬里，得僬僥國，人長一尺五寸，東北有人長九寸。《神異經》云：南方有人長一分，朱衣玄冠，掇而食之，其味辛。案：國朝閩提督某嘗得二僬僥人，畜之檻中，長尺許，食以果實。然其頭大身小，殊類猿猴耳。以為有技巧，穀食，殆未然也。《外傳》曰：僬僥人長三尺，短之至也，長者不過十丈，數之極也。斯言近之，其餘皆荒談也。

有神，人面獸身，名曰犁𩽹之尸。𩽹音靈。

有𣿒山，楊水出焉。

有蒍國，黍食，使四鳥，虎豹熊羆。蒍，口偽反。

大荒之中有山，名曰合虛，日月所出。

有中容之國，帝俊生中容。中容人食獸、木實，使四鳥，虎豹熊羆。「中」「仲」同。俊音舜。木實，果屬。《呂氏春秋》謂其國有赤木、玄木，其華實皆美。

有東口之山。

有君子之國，其人衣冠帶劍。蓋東夷之有文物者。

有司幽之國。帝俊生晏龍，晏龍生司幽，司幽生思士，不妻；思女，不夫。言不待配合，能以思感而生子也。食黍食獸，使四鳥。

有大阿之山者。

大荒中有山，名曰明星，日月所出。

有白民之國。帝俊生帝鴻，帝鴻生白民。白民銷姓，黍食，使四鳥，虎豹熊羆。

有青丘之國，有狐九尾。

有柔僕民，是維嬴土之國。

有黑齒之國。帝俊生黑齒，姜姓，黍食，使四鳥。南蠻人好食梹榔，故多黑齒。篇中多言帝俊所生，皆附託也。

有夏州之國。有蓋余之國。

有神人，八首、人面、虎身、十尾，名曰天吳。主水之神。

大荒之中有山，名曰鞠陵，于天，東極離瞀，日月所出，名曰折丹，東方曰折，來風曰俊，處東極以出入風。古奧不可解。大意云大荒中有鞠山者，其高極天，其東方極於離瞀之地，當日月所出處，又名曰折丹，東方人名之曰折，其來而風聞於中國又謂之俊，是山在東極，東風所由出入也。

東海之渚中有神，人面鳥身，珥兩黃蛇，踐兩黃蛇，名曰禺䝞。黃帝生禺䝞，禺䝞生禺京，禺京處北海，禺䝞處東海，是惟海神。禺京即禺強也。「䝞」一作「號」。

有招搖山，融水出焉。有國曰玄股，黍食，使四鳥。廣西有融縣，有九股黑苗在其西北，殆此所謂玄股也。

有困民國，句姓而食。有人曰王亥，兩手操鳥，方食其頭。亦據繪圖言也王亥託於有易、河伯、僕牛，有易殺王亥，取僕牛。此下述其事云也。河伯，諸侯也。僕牛，人名。《竹書》云：殷王子亥寄於有易而淫焉，有易之君綿臣殺而放之，殷主甲微假師於河伯以伐有易，滅之，遂殺其君綿臣也。據此，則僕牛即王亥所淫者也。河念有易，有易潛出，為國於獸，方食之，名曰搖民。言河伯奉王命滅有易，而又念其無後，乃私放出之，使為國於獸，方食其賦稅，是為搖民之國也。獸方，地名也。今廣西多猺民，俗與苗民畧同，其此有易之後歟？帝舜生戲，戲生搖民。海內有兩人，名曰女丑。女丑有大蟹。上言有易之後為搖民，此又言戲生搖民，蓋海內有搖民，而此戲所生者則又名女丑也。舊說殊不通。然此又言女丑有大蟹，則又與貌姑射混。

大荒之中有山，名曰孽搖頵羝，上有扶木，柱三百里，其葉如芥。言樹高而葉大。有谷曰溫源谷。即湯谷。

湯谷上有扶木，一日方至，一日方出，皆載於鳥。湯谷當作暘谷。扶木即扶桑也。鳥，三足鳥也。載與戴通。荒誕，甚無稽卻甚有趣。

有神，人面、犬耳、獸身，珥兩青蛇，名曰奢比尸。

有五彩之鳥，相鄉棄沙。惟帝俊下友。帝下兩壇，彩鳥是司。此不可解，殆有闕文訛字。

大荒之中有山，名曰猗天蘇門，日月所生。

有壎民之國。有綦山。又有搖山。有䰠山。又有門戶山。又有盛山。又有待山。有五彩之鳥。䰠音甄。

東荒之中有山，名曰壑明俊疾，日月所出。有中容之國。東北海外，又有三青馬、三騅、騅，馬之青白雜毛者。甘華，爰有遺玉、三青鳥、三騅、視肉，甘華、甘粗，百穀所在。

有女和月母之國。有人名曰鵷，北方曰鵷，來之風曰狹，是處東極隅，以止日月，使無相間出沒，司其短長。鵷音婉。狹音剡。言其節日月之出入，司晝夜之短長也。

東海中有流波山，入海七千里，其上有獸，狀如牛，蒼身而無角，

一足，出入水則必風雨，其光如日月，其聲如雷，其名曰夔。黃帝得之，以其皮為鼓，橛以雷獸之骨，聲聞五百里，以威天下。雷獸，即雷澤中神也。

《孔子家語》云：山木之怪夔罔兩，水之怪龍罔兩，土之怪曰羵羊。然夔本木石之怪，後人所謂山中木客、獨腳山魈、獨腳公、鐵鬼使，皆此類也。此特夸張其神耳。

　　大荒東北隅中有山，名曰凶犁土丘。應龍處南極，殺蚩尤與夸父，不得復上，故下數旱，旱而為應龍之狀，乃得大雨。前後每言夸父以追日渴死，而又言應龍殺之，已決衡不合矣。應龍既殺夸父，又助黃帝攻蚩尤，是蓋古者諸侯氏號，昔伏羲以龍名官耳，豈真龍哉？而曰以殺蚩尤夸父故不得復上，則是以應龍為真龍也。龍能為雨，亦以雨作而龍因隨雲氣以升騰耳。雨者，天地之交，陰陽之和，豈盡龍所能為？且冬月龍蟄不出而未嘗無雨，可知雨不盡龍所為矣。然荒唐之語不足深辨也。龍有翼者曰應龍。古祈雨之法，為土龍而禱焉。又貯水以養蜥蜴而祝之。又董子《春秋繁露》祈雨之法閉南門開北門而以水灑人，又以甲乙日使幼者舞青龍，丙丁日使壯者舞赤龍，戊己日使舞黃龍，庚辛日使老者舞白龍，壬癸日使婦人舞黑龍。此皆各以類求，亦以龍為鱗蟲之長，屬木而生於水，子母相從，故雲從龍為有可感召之理而已矣。

大荒南經第十五

　　南海之外。

　　赤水之西，流沙之東，有獸左右有首，名曰跊踢。跊音怵，踢音惕。有三青獸相并，名曰雙雙。

　　有阿山者。

　　南海之中，有氾天之山，赤水窮焉。赤水之東，有蒼梧之野，舜與叔均之所葬也。叔均，商均也。蒼梧西惡見有所謂赤水及氾天之山者？爰有文貝、離俞、鴟久、鷹、賈、委維、熊、羆、象、虎、豹、狼、視肉。鴟久，鶹鷂。賈，鷽。委維，即委蛇也。狼似犬，高前廣後。

　　有榮山，榮水出焉。

　　黑水之南，有玄蛇，食塵。此所指蓋榮經之間。

　　有巫山者，西有黃鳥，帝藥八齋，黃鳥於巫山，司此玄蛇。巫山即今巴東巫峽之巫山也。巫山以西巴蜀之地多出藥草，故言帝藥八齋。塵好食藥草，玄蛇能食塵，而黃鳥又主此玄蛇也。

　　大荒之中，有不庭之山，榮水窮焉。

有人三身。帝俊妻娥皇，生此三身之國，_{豈有此理？}姚姓，黍食，使四鳥。有淵四方，四隅皆達，北屬黑水，南屬大荒。北旁名曰少和之淵，南旁名曰從淵，舜之所浴也。

又有成山，甘水窮焉。

有季禺之國，顓頊之子，食黍。

有羽民之國，其民皆生毛羽。

有卵民之國，其民皆生卵。

大荒之中，有不姜之山，黑水窮焉。又有賈山，汔水出焉。又有言山。又有登備之山。即登葆山也。有恝恝之山。又有蒲山，澧水出焉。又有隗山，其西有丹，其東有玉。又南有山，漂水出焉。有尾山。有翠山。恝，苦八反。澧音禮。

有盈民之國，於姓，黍食。又有人方食木葉。

有不死之國，阿姓，甘木是食。即食不死之木也。

大荒之中有山，名曰去痓，南極果，北不成去痓果。痓，寒濕病。山名去痓，蓋山上有木生果可以治痓。其南面者生果，其北面者雖華而不成果也。

南海渚中有神，人面，珥兩青蛇，踐兩赤蛇，曰不廷胡余。神名。

有神名曰因因乎。又一神名。奇名。南方曰因乎，夸風曰乎民，處南極以出入風。言此神南方人謂之因乎，在夷風則曰乎民。此山實處南極，以主出入南風也。

有襄山。又有重陰之山。

有人食獸，曰季釐。帝俊生季釐，故曰季釐之國。有緡淵。少昊生倍伐，倍伐降處緡淵。有水四方，名曰俊壇。

有蒍民之國。帝舜生無淫，降蒍處，是謂巫蒍民。巫蒍民盼姓，食穀，不績不經，服也；不稼不穡，食也。言自然有也。豈有此理？爰有歌舞之鳥，鸞鳥自歌，鳳鳥自舞。爰有百獸，相羣爰處，百穀所聚。廣之瓊崖，閩之臺灣，土地肥美則有之。《輿地志》言：瓊州一年再稻，一歲八蠶；臺地瓜茄送臘，荷菊迎春。又海南島中寔多彩鳥，種類不一，茲所稱述，或近是歟？而夸為之辭，亦附會矣。

大荒之中有山，名曰融天，海水南入焉。有人曰鑿齒，羿殺之。廣西有融縣，九股黑苗在其西北，是蓋鑿齒之類。其南則左右盤江，東南流入海也。

有蜮山者，有蜮民之國，桑姓，食黍，射蜮是食。蜮，短狐也，伏水中，含沙以射人影，人中之則有瘡蝕之疾。或云似鼈，口旁有橫弩，南越之人男女同川而浴，故淫惑之氣生此，然未聞其可射而食也。此名殆亦狼貛之屬，射禽獸食蛇蟲者，以其地多蜮，而遂

以射蝨為言耳。有人方扞射黃蛇，名曰蝨人。

有宋山者，有赤蛇，名曰育蛇。有木生山上，名曰楓木。楓木，蚩尤所棄其桎梏，是謂楓木。楓木高大聳直，葉有三歧，經霜則葉紅如血，其脂甚香。《楚辭》云：江南千樹楓。此言蚩尤為黃帝所械而殺之已，棄其械而化為樹也。

有人，方齒、虎尾，名曰祖狀之尸。祖音租。

有小人，名曰僬僥之國，幾姓，嘉穀是食。

大荒之中有山，名朽塗之山，青水窮焉。朽音朽。

有雲雨之山，有木名曰欒。禹攻雲雨。有赤石焉生欒，黃木、赤枝、青葉，羣帝焉取藥。

有國曰顓頊生伯服，食黍。有鼬姓之國。有苕山。又有宗山。又有姓山。又有壑山。又有陳州山。又有東州山。又有白水山，白水出焉，而生白淵，昆吾之師所浴也。昆吾，古諸侯。昆吾之師，昆吾行師及此而浴於此淵也。或曰此謂雲南昆明池也。

有人名曰張弘，在海上捕魚。海中有張弘之國，食魚，使四鳥。「張」當作「長」，「弘」當作「肱」，即長臂之國也。身在海上而捕魚海中，其肱長可知矣。

有人焉，鳥喙有翼，方捕魚於海。此即下條讙頭。

大荒之中有人，名曰讙頭，鯀妻士敬，士敬子曰炎融，生讙頭。人面鳥喙有翼，食海中魚，杖翼而行。言讙頭人雖有翼而不能飛，不過用翼以行於水中而已。蓋其翼如魚翼也。案：讙兜與鯀同列事堯，今如所言，則讙兜為鯀之孫矣。或曰士敬者，鯀妻之氏，而讙兜姻侄也。人面鳥喙有翼者，其後裔習居海中而為是形也。然則，非真生翼也。殆如佩匏及皮囊之類以渡水，如翼云爾。維宜苣苣，穋楊是食。有讙頭之國。苣音起，苣音巨，穋音六。苣，白粱；苣，黑黍也。或曰，苣，苦蕒；苣，萵苣：皆菜也。禾之後種而先熟者曰穋。楊，未詳。言其地所宜之種如此。

帝堯、帝嚳、帝舜，葬於岳山。即狄山也。爰有文貝、離俞、鴟久、鷹、賈、延維、視肉、熊、羆、虎、豹。朱木，赤枝、青華、玄實。

有申山者。

大荒之中有山，名曰天臺高山，海水入焉。即台州之天台山也。台州之水東入海，海潮以時逆入，而因謂海水入焉。

東南海之外，甘水之間，有羲和之國，有女子名曰羲和，方浴日於甘淵。羲和者，帝俊之妻，生十日。羲和，帝堯司曆之官。蓋羲仲宅嵎夷，而其後子孫有出居海島者也。今倭國在東海中，改號日本。又東南有大小琉球，或者其裔歟？浴日者，

舊說堯立羲和之官以主四時，作璿璣之器以轉運於水中，象日月之出暘谷入虞淵，其後子孫效此於甘水中，世不失職也。女子浴日者，倭人多女王，故繪圖者畫一女子。故說者因以為帝俊之妻，亦可笑矣。「生」宜作「主」，篆文「坐」與「坐」字形相近而誤也。十日，甲乙丙丁戊己庚辛壬癸也。

有蓋猶之山者，其上有甘柤，枝幹皆赤，黃葉、白華、黑實。東又有甘華，枝幹皆赤，黃葉。有青馬。有赤馬，名曰三騅。有視肉。有小人，名曰菌人。菌，蕈也，言其小如地蕈也。

有泰類之山。爰有遺玉、青馬、三騅、視肉、甘華，百穀所在。「泰」一作「南」。

大荒西經第十六

西北海之外。

大荒之隅，有山而不合，名曰不周負子。羌戎語也。有兩黃獸守之。有水，曰寒暑之水。水南暑，水北寒也。水西有濕山，水東有幕山。

有禹攻共工國山。即殺相柳處也。

有國名曰淑士，顓頊之子。言顓頊之後也。

有神十人，名曰女媧之腸，化為神，處栗廣之野，橫道而處。媧音瓜。「腸」或作「腹」。言女媧氏死，其腸化為此十神，處此野，當道中也。

有人名曰石夷，來風曰韋，處西北隅，以司日月之長短。與東荒鵷同也。

有五彩之鳥，有冠，名曰狂鳥。即《爾雅》所云「狂，夢鳥」。

有大澤之長山。有白民之國。大澤之長山，即大沙漠也。

西北海之外，赤水之東，有長脛之國。

有西周之國，姬姓，食穀。有人方耕，名曰叔均。帝俊生后稷，稷降以百穀。稷之弟曰台璽，生叔均，叔均是代其父及稷播百穀，始作耕。后稷，帝嚳後。而曰帝俊所生，訛也。此西周之國，殆前所稱「稷澤」后稷所潛者。蓋不窋失官，竄於西戎，其公族有居此，而後裔亦謂之西周者也。

有赤國妻氏。有雙山。

西海之外，大荒之中，有方山者，上有青樹，名曰柜格之松，日月所出入也。

西北海之外，赤水之西，有先民之國，食穀，使四鳥。

有北狄之國，黃帝之孫曰始均，始均生北狄。

有芒山。有桂山。有榣山。其上有人，號曰太子長琴。顓頊生老童，老童生祝融，祝融生太子長琴。是處榣山，始作樂風。蓋祝融之支庶有居此者。

有五彩鳥三名，一曰皇鳥，一曰鸞鳥，一曰鳳鳥。有蟲，狀如菟，胸以後者裸不見，青如猨狀。言胸以前似兔，有毛，胸以後無毛而不覺其無毛，以其青如猨色也。

大荒之中有山，名曰豐沮玉門，日月所入。此即古玉門關也。在瓜州西北。

有靈山，巫咸、巫即、巫肦、巫彭、巫姑、巫真、巫禮、巫抵、巫謝、巫羅十巫，從此升降，百藥爰在。此即所謂巫咸之國者。

西有王母之山，壑山，海山。有沃之國，沃民是處。沃之野，鳳鳥之卵是食；甘露是飲，凡其所欲，其味盡存。爰有甘華、甘柤、白柳、視肉、三騅、璇瑰、瑤碧、白木、琅玕、白丹、青丹，多銀鐵，鸞鳥自歌，鳳鳥自舞。爰有百獸，相羣是處。是謂沃之野。有三青鳥，赤首、黑目，一名曰大鵹，一名少鵹，一名曰青鳥。謂西王母所使者。

有軒轅之臺，射者不敢西嚮射，畏軒轅之臺。

大荒之中，有龍山，日月所入。

有三澤水，名曰三淖，昆吾之所食也。淖，奴教反。

有人衣青，以袂蔽面，名曰女丑之尸。

有女子之國。

有桃山。有䖟山。有桂山。有于土山。

有丈夫之國。即王孟所思化者。

有弇州之山。五彩之鳥仰天，名曰鳴鳥。爰有百樂歌舞之風。

有軒轅之國。江山之南棲為吉。不壽者乃八百歲。

西海渚中有神，人面鳥身，珥兩青蛇，踐兩赤蛇，名曰弇茲。

大荒之中有山，名曰日月山，天樞也。吳姖天門，日月所入。

有神，人面無臂，兩足反屬於頭上，名曰噓。

顓頊生老童，老童生重及黎。《世本》云：顓頊娶於滕均氏曰女祿，生老童，老童娶於根水氏，謂之驕福，生重及黎也。帝令重獻上天，令黎邛下地。重為木正句芒，黎為火正祝融。又《國語》云：少昊氏衰，九黎亂德，人神雜擾，帝乃命南正重以司天，北正

黎以司地。《呂刑》云「乃命重黎，絕地天通，罔有降格」是也。「獻」「卬」之義未詳其說。下
地是生噎，處於西極，以行日月星辰之行次。司日月星辰之次舍也。

有人反臂，名曰天虞。

有女子方浴月。帝俊妻常羲，生月十有二，此始浴之。浴月之說猶浴日
也。月有十二，寅卯辰巳午未申酉戌亥子丑也。蓋亦和叔宅西昧谷，而其後有遂國於西者。或
曰《呂刑》所云重黎即羲和也。羲和實守重黎之職。然則，上文之噎，即此常羲也。

有玄丹之山，有五色之鳥，人面有髮。爰有青鳶、黃鷔，青鳥、黃
鳥其所集者其國亡。鳶音文，鷔音敖。

有池，名孟翼之攻顓頊之池。孟翼，蓋古諸侯之叛亂者。

大荒之中有山，名曰鏖鏊鉅，日月所入者。鏊，昂毫反。有獸，左右有
首，名曰屏蓬。即并封也。有巫山者，有壑山者，有金門之山。有人名
黃姬之尸。有比翼之鳥。有白鳥，青翼黃尾玄喙。有赤犬，名曰天犬，
其所下者有兵。流星亦有名天狗者，自上而隕，有光有聲，所下之地主有兵起。

西海之南，流沙之濱，赤水之後，黑水之前，有大山，名曰崑崙之
丘。有神，人面，虎身，有文有尾，皆白，處之。言其文皆白點斑駁。其下
有弱水之淵，環之；其外有炎火之山，投物輒然，舊說扶南東萬里有耆薄國，
東復五千里許有火山國，其山雖霖雨火常然不息，火中有白鼠，時出山邊求食，人捕得之，以
毛作布，今之火浣布。又案：西南有火海川，中有火井。水中且有火，此物理之難以常論者。
魏帝叡嘗作論以辨火浣之誣，後吳人乃進火浣，於是自毀其文。然此皆南極遠地，非此火山也。
此火山要即今火州之地。其處有山，土皆正赤，日午與日光相映，薰炙酷熱，其氣如焚，乃所
稱火燄山也。有人，戴勝，虎齒，有豹尾，穴處，名曰西王母。此山萬物盡
有。崑崙之山屢見，而每少異其文，蓋作此書者非一手，而各記所聞也。前《西山經》言西王
母居玉山，而此云穴居崑崙之山，說者謂是亦離宮別窟云。

大荒之中有山，名曰常陽之山，日月所入。

有寒荒之國。有二人，女祭、女薎。或持觶，或持俎。

有壽麻之國。南嶽娶州山女，名曰女虔，女虔生季格，季格生壽麻。
壽麻正立無景，疾呼無響，爰有大暑，不可以往。前言壽麻所由來，後二句言
其國之暑。

有人無首，操戈盾立，名曰夏耕之尸。古成湯伐夏桀於章山，克之，
斬耕厥前，耕既立，無首，走厥咎，乃降於巫山。耕蓋夏桀臣名。言為湯所斬
而蹶於前矣，乃復立起而無首，因逃罪於巫山也。

有人，名曰吳回，奇左，是無右臂。_{吳回，祝融之弟。此即奇肱國。}

有蓋山之國。有樹，赤皮枝幹，青葉，名曰朱木。_{此疑即南方蘇木也。}

有一臂民。

大荒之中有山，名曰大荒之山，日月所入。有人焉，三面，是顓頊之子，三面一臂，三面之人不死，是謂大荒之野。_{晉王頎至沃沮國，問其老者，云嘗有一破船至海岸上，有一人項中復有面，與語不解，不食而死。此是兩面人也。然則，三面之人或亦有之歟？}

西南海之外，赤水之南，流沙之西，有人，珥兩青蛇，乘兩龍，名曰夏后開。開上三嬪於天，得《九辯》與《九歌》以下。此泰穆之野，高二千仞，開焉得始歌《九招》。_{「泰穆」一作「天穆」，一作「大穆」。開即啟也。所言怪僻迂遠之甚。}

有互人之國。炎帝之孫，名曰靈恝，靈恝生互人，是能上下於天。_{互人人面魚身。案：《周禮》以龜蚌之類為互物。然則，此互人蓋鮫人、蜑民之屬，在西南海上耳。}

有魚偏枯，名曰魚婦顓頊，死即復蘇。風道北來，天乃大水泉，蛇乃化為魚，是謂魚婦顓頊，死即復蘇。_{蘇，復生也。言此偏枯之魚名曰「魚婦顓頊」也。此魚乃蛇，因北風而化，如死而復生云。}

有青鳥，身黃、赤足、六首，名曰鸀鳥。_{鸀音觸。}

有大巫山，有金之山。

西南大荒之中隅，有偏句、常羊之山。_{句音鉤。}

大荒北經第十七

東北海之外。

大荒之中，河水之間，附禺之山，帝顓頊與九嬪葬焉。爰有鴟久、文貝、離俞、鸞鳥、皇鳥、大物、小物，有青鳥、琅鳥、玄鳥、黃鳥、虎、豹、熊、羆、黃蛇、視肉、璿、瑰、瑤、碧，皆出於衛山。丘方圓三百里。丘南帝俊竹林在焉，大可為舟。_{言破其竹一節則可以為舟船。}竹南有赤澤水，名曰封淵。有三桑無枝。丘西有沈淵，顓頊所浴。_{三桑，考內篇《北山經》則洹山是此。}

有胡不與之國，烈姓，黍食。

大荒之中有山，名曰不咸。有肅慎氏之國。肅慎在遼陽之北甚遠，穴居，
衣皮，冬則以膏塗體以禦風寒。其人善射，弓長四尺以強，箭以楛為笴，石青為鏃，長尺五寸。
此隼集陳庭所得矢是也。晉大興時，平州刺史崔毖遣使献肅慎弓矢，其鏃有似銅似骨。問之，
云轉與他國通，得用銅骨。其國即《漢書》所謂「挹婁國」，出貂皮、赤玉。有飛蛭，四翼。
有蟲，獸首蛇身，名曰琴蟲。

有人名曰大人。有大人之國，釐姓，黍食。有大青蛇，黄頭，吞塵。

有榆山。有鯀攻程州之山。榆山即榆關，今在永平府。然東北多榆，不止一處也。

大荒之中有山，名曰衡天。有先民之山。有槃木千里。

有叔歜國，顓頊之子，黍食，使四鳥，虎豹熊羆。有黑蟲，如熊狀，
名曰猎猎。歜音蠾，猎音鵲。

有北齊之國，姜姓，使虎豹熊羆。

大荒之中有山，名曰先檻大逢之山，河、濟所入海，北注焉。舊說河、
濟注海，已復出海外，入此山也。案：濟入河而復出者，以清濁分也。若海則吐納百川，水既
入海則皆海矣，安見已入復出而反注山中者？況河、濟入海而北，則遼左朝鮮之地，未聞又更
有河、濟也。積石則西北之山，與河、濟入海處相去絕遠，又安得在此山之西。舊說背謬甚矣。
今案：此文則云此山在河、濟所北流注海之處。其積石山，「積」字則當作「碣」，此山在碣石
之東也。前《海內東經》記中國水道，每先言入海，而後言某地，皆與「北注焉」同，乃古人
倒句耳。「積石」亦作「磧石」，故因相近而誤也。其西有山，名曰禹所積石。有陽山
者。有順山者，順水出焉。

有始州之國，有丹山。名丹山者不一。《竹書》云：帝甲西征，得一丹山。若西北
則或是山丹之丹山，即胭脂山也。

有大澤廣千里，羣鳥所解。此即瀚海也，又名沙漠。《穆天子傳》云：北至廣原
之野，飛鳥所解其羽，乃於此獵，鳥獸絕羣，載羽百車。《竹書》曰：穆王北征，行流沙千里，
積羽千里。

有毛民之國。依姓，食黍，使四鳥。禹生均國，均國生役采，役采
生修鞈，修鞈殺綽人，帝念之，潛為之國，是此毛民。「采」一作「來」。鞈
音袷。毛民體生毛也。

有儋耳之國，任姓。案：毛人今云在東南海中。儋耳則今在瓊州，未知與此同否。
或云南方之儋耳以鐵環墜其耳，乃效此人形儋耳者也。

禺號子，食穀。北海之渚中，前篇言禺號生禺京，此言禺號子，即禺京也。「京」
「彊」古音相近通用。有神，人面鳥身，珥兩青蛇，踐兩赤蛇，名曰禺彊。

大荒之中有山，名曰北極天櫃，海水北注焉。有神，九首、人面、鳥身，名曰九鳳。又有神，銜蛇操蛇，其狀虎首、人身、四蹄、長肘，名曰彊良。據日影土圭算之，地毬只九萬里。若果在北極下，則去嵩高當一萬七千有餘里，其地當半年為晝半年為夜矣。此北極山未審果何在也。

大荒之中有山，名曰成都載天。「載」「戴」通，戴天言其高也。有人，珥兩黃蛇，把兩黃蛇，名曰夸父。后土生信，信生夸父。夸父不量力，欲追日景，逮之於禺谷。將飲河而不足也，將走大澤。未至，死於此。前篇言鄧林在積石西北，此言成都山。然則，此山殆在川西湟中之南，東連成都者歟？應龍已殺蚩尤，又殺夸父，乃去南方處之，故南方多雨。既曰追日曰飲河，則渴死也。而又曰應龍殺之，豈應龍不興雨澤以致夸父之渴，則以為是應龍殺之歟？考是書所屢言夸父，大抵不量力之人。意者欲窮日出入之所而不能至，遂道困而死，如穆王之欲周行天下者耳。又或且作亂而為應龍氏所誅，則蚩尤黨也。南方多雨，以山澤多而土薄日近，水氣易烝而上，故多雨，非以龍在焉故也。

又有無腸之國，是任姓，無繼子，食魚。「繼」當作「脊」。

共工臣名曰相繇，九首、蛇身，自環，食於九土。其所歍所尼，即為源澤，不辛乃苦，百獸莫能處。禹湮洪水，殺相繇，其血腥臭，不可生穀，其地多水，不可居也。禹湮之，三仞三沮，乃以為池，羣帝是因以為臺。在崑崙之北。「繇」「柳」聲之轉也。歍，歐也。

有岳之山，尋竹生焉。

大荒之中有山，名曰不句，海水北入焉。有係昆之山者，有共工之臺，射者不敢北向。有人衣青衣，名曰黃帝女魃。蚩尤作兵，伐黃帝。黃帝乃令應龍攻之冀州之野。應龍畜水。蚩尤請風伯雨師，縱大風雨。黃帝乃下天女曰魃，雨止，遂殺蚩尤。魃不得復上，所居不雨，叔均言之帝，後置之赤水之北。叔均乃為田祖。魃時亡之，所欲逐之者，令曰「神北行」，先除水道，決通溝瀆。魃音鈸。案：史稱蚩尤能作大霧，事或有之。此言請風伯雨師，夸言附會也。冀州之野，所謂阪泉、涿鹿也。魃，旱神。《詩》曰：旱魃為虐。《神異經》云：魃如人，長三尺，其目在頂，行走如飛，見者獲之以投廁中則旱災止。又或云，魃有男魃、女魃。如此所言，則女魃。又不知果有男魃否也。術家每言九天玄女教黃帝以兵法，服餌家亦每稱九天玄女。此言黃帝乃下天女曰魃，則魃又似即九天玄女也。此種好事之言，自古有之，轉相附會，不可勝正也。

有人，方食魚，名曰深目民之國，盼姓，食魚。

有鍾山者，有女子，衣青衣，名曰赤水女子獻。

大荒之中有山，名曰融父山，順水出焉。有人，名曰犬戎。黃帝生苗龍，苗龍生融吾，融吾生弄明，弄明生白犬，白犬有牝牡，是為犬戎，肉食。有赤獸，馬狀無首，名曰戎宣王尸。

有山名曰齊州之山、君山、鬵山、鮮野山、魚山。

有人一目，當面中生，一曰是威姓，少昊之子，食黍。

有繼無民，繼無民任姓，無骨子，食氣、魚。

西北海外，流沙之東，有國曰中輻，顓頊之子，食黍。「輻」一作「輵」，音偏。

有國名曰賴丘。有犬戎國。有神，人面獸身，名曰犬戎。

西北海外，黑水之北，有人，有翼，名曰苗民。顓頊生驩頭，驩頭生苗民，苗民釐姓，食肉。有山名曰章山。今苗民多食生肉。

大荒之中，有衡石山，九陰山，洞野之山，上有赤樹，青葉赤華，名曰若木。

有牛黎之國，有人無骨，儋耳之子。

西北海之外，赤水之北，有章尾山。有神，人面蛇身而赤，直目正乘，其瞑乃晦，其視乃明，不食不寢不息，風雨是謁，言能請致風雨。是燭九陰，是謂燭龍。此即所謂鍾山燭陰。

山海經存卷之八　終

山海經存卷之九

婺源汪紱雙池釋

後學烏程盧葆辰子純、同邑程夢元厖園、同邑戴彭景筠、同邑余家鼎彝伯，同校字

海內經第十八

東海之內，北海之隅，有國名曰朝鮮、天毒，其人水居，偎人愛之。

朝鮮在東北海隅，人多水居，此所云是矣。天毒一名身毒，一名天竺，即西方佛國，今在雲南之西，蔥嶺之南，而此以與朝鮮並言，誤矣。偎，亦愛也，言朝鮮之俗愛人而人亦愛之也。或曰偎當作倭，言其國近倭而倭人愛之。

西海之內，流沙之中，有國名曰壑市。

西海之內，流沙之西，有國名曰氾葉。氾葉疑與梵葉同，即天竺國也。上節「天毒」二字宜在此下。

流沙之西，有鳥山者，三水出焉。爰有黃金、璿、瑰、丹、貨、銀、鐵，皆流於此中。流，聚也。

又有淮山，好水出焉。

流沙之東，黑水之西，有朝雲之國，司彘之國。黃帝妻雷祖，生昌意，昌意降處若水，生韓流，韓流擢首、謹耳、人面、豕喙、麟身、渠股、豚止，取淖子曰阿女，生帝顓頊。《世本》云：黃帝娶於西陵氏之子，曰纍祖，生青陽及昌意。《竹書》曰：昌意居若水，生乾荒。乾荒即韓流也，字近而互訛耳。擢首，長咽也。謹耳，未詳。渠股，大臂也。止，足趾也。《世本》：顓頊之母，濁山氏之子，名昌僕。然

—131—

則，「淖子」之「淖」字當與「濁」同。但自黃帝以下與上文二國文似不屬意者，謂朝雲、司彘皆顓頊後歟？

流沙之東，黑水之下，其山名不死之山。舊說即員丘也。

華山青水之東，有山名曰肇山，有人名曰柏高，柏高上下於此，至於天。言柏高常往來於此。

西南黑水之間，有都廣之野，后稷葬焉。即塦山稷澤也。爰有膏菽、膏稻、膏黍、膏稷，百穀自生，冬夏播琴。即所謂玉膏也。播琴，猶播種，此方言也。鸞鳥自歌，鳳鳥自儛。靈壽實華，草木所聚。爰有百獸，相羣爰處。此草也，冬夏不死。靈壽，木名，宜為杖。此段韻語。

南海之內，黑水青水之間，有木，名曰若木，若水出焉。有禺中之國，有列襄之國，有靈山，有赤蛇在木上，名曰蝡蛇，木食。不螫人不傷物也。

有鹽長之國。有人焉，鳥首，名曰鳥氏。佛書中有此人，蓋亦今天竺之國也。

有九丘，以水絡之，名曰陶唐之丘，有叔得之丘，孟盈之丘，昆吾之丘，黑白之丘，赤望之丘，參衛之丘，武夫之丘，神民之丘。

有木，青葉、紫莖、玄華、黃實，名曰建木，百仞無枝，有九欘，下有九枸，其實如麻，其葉如芒。大皥爰過，黃帝所為。欘音逐，枸音岣。此段韻語。

有窫窳，龍首，是食人。

有青獸，人面，名曰猩猩。

西南有巴國。太皥生咸鳥，咸鳥生乘釐，乘釐生後照，後照是始為巴人。

有國名曰流黃辛氏，其域中方三百里，其出是塵土。辛氏即鄨氏。其出是塵土，言殷盛也。

有巴遂山，澠水出焉。巴中有遂寧縣，蓋取此。

有朱卷之國。有黑蛇，青首，食象。朱卷疑即朱提也，音殊匙。黑蛇即巴蛇也。以上數條大畧皆川貴之間國。

南方有贛巨人，人面、長臂、黑身、有毛、反踵，見人笑亦笑，脣蔽其目，因即逃也。即梟陽也。

又有黑人，虎首，鳥足，兩手持蛇，方啗之。

有嬴民，鳥足。

有封豕。羿所射也。

有人曰苗民。

有神焉，人首蛇身，長如轅，左右有首，衣紫衣，冠旃冠，名曰延維。人主得而饗食之，伯天下。食音嗣。此澤神也。《管子》《莊子》俱作「委蛇」。齊桓公田於大澤，見之。「旃」《莊子》作「朱」。案：通帛曰旃，亦朱色也。

有鸞鳥自歌，鳳鳥自儛。鳳鳥，首文曰德，翼文曰順，膺文曰仁，背文曰義，見則天下和。

又有青獸，如菟，名曰菌狗。菌音菌。有翠鳥，有孔鳥。翠出廣中，孔雀出欽廉之間，玄身綠尾，長尺餘，尾端有圈如太極之圖，金碧有光，頭小足高，首有毛勝。

南海之內，有衡山，南嶽也，在衡州府衡山縣，綿亙五百里。有菌山，有桂山，菌亦桂也。廣西桂林有紫金山，其桂天下稱最，今則鮮有矣。所謂「菌山」「桂山」，大抵其境也。

有山名三天子之都。一作「三天子之鄀山」。

南方蒼梧之丘，蒼梧之淵，其中有九嶷山，舜之所葬，在長沙零陵界中。山有九谿相似，故云九疑。零陵，今永州，古南方之郡，曠遠，故此云蒼梧，又云長沙零陵界中。以上皆南方。

北海之內，有蛇山者，蛇水出焉，東入於海。有五彩之鳥，飛蔽一鄉，名曰翳鳥。蛇山或以為即蛇丘，是濟上、魯、衛間地也。翳鳥亦鳳屬，一大者先飛而眾皆從之，乃所謂朋也。《離騷》曰：駟玉虬而乘翳。漢宣帝元康元年，五色鳥以萬數過蜀都，或即此鳥。

又有不距之山，巧倕葬其西。倕，即垂也，舜共工。

北海之內，有反縛盜械帶戈常倍之佐，名曰相顧之尸。亦貳負臣之類。文法古拗不可解。

伯夷父生西岳，西岳生先龍，先龍是始生氐羌，氐羌乞姓。伯夷父，顓頊之師，氐羌其苗裔也。

北海之內有山，名曰幽都之山，黑水出焉。此即內篇北山錞于毋逢之山所云「西望幽都」者。黑水即浴水也，今之盧龍水是也。舜分冀之東北為幽州。其上有玄鳥、玄蛇、玄豹、玄虎、玄狐蓬尾。幽、燕東北實多美裘。玄豹、玄狐、玄貂尤為珍重。蓬尾，尾大蓬蓬然也。有太玄之山，有玄丘之民，有大幽之國，有赤脛之民。䣛以下正赤色。有釘靈之國，其民從膝以下有毛，馬蹄，善走。釘靈國亦作丁零，出貂，其人多毛，以皮為足衣，如馬蹄而便走，即後世之靴是矣。非真馬蹄也。

炎帝之孫伯陵，伯陵同吳權之妻阿女緣婦，緣婦孕三年，是生鼓延、殳始、為侯，鼓延是始為鍾，為樂風。此以下述古逸事，及制作所始。同，猶通也，淫之也。鼓延、殳始、為侯，三子名也。但此所述與他史各有不同。《世本》云：毋句作磬，垂作鍾。

黃帝生駱明，駱明生白馬，白馬是為鯀。《世本》以鯀為顓頊之子，亦未必然也。

帝俊生禺號，禺號生淫梁，淫梁生番禺，是始為舟。「禹乘四載」已曰「水行乘舟」，何至帝舜數世之後而始作舟乎？《世本》云：共鼓、貨狄作舟。

番禺生奚仲，奚仲生吉光，吉光是始以木為車。《虞書》：車服以庸。禹陸行乘車，何至吉光而始為車？史稱黃帝始作舟車，是也。又或者至番禺、奚仲而後，舟車之制始益備云爾。

少皞生般，般是始為弓矢。《世本》云：牟夷作矢，揮作弓。帝俊賜羿彤弓素矰，以扶下國。羿是始去恤下地之百艱。羿，夷羿，蓋舜臣名，善射者也。恤下地之百艱，謂羿嘗射十日、誅鑿齒、殺封豕也。然射十日之說誕而無當，或以日為人君之象，當時九國並起為叛自尊，而羿能為帝除之，是或然也。後有有窮后羿，或云是慕此夷羿之善射，而以自名者。

帝俊生晏龍，晏龍是為琴瑟。《虞書》已搏拊琴瑟矣。《世本》云：伏羲作琴，神農作瑟。

帝俊有子八人，是始為歌舞。伏羲作《扶徠》。葛天作《八闋》，三人持牛尾投足歌之。神農作《扶持》。黃帝命伶倫造律呂。以後歷帝俱有所作樂，何至帝舜子八人始為歌舞也？一云朱康作舞。

帝俊生三身，三身生義均，義均是始為巧倕，是始作下民百巧。案：此則三身人名也，而乃有一首三身之國，亦好怪矣。垂作舜共工，亦非舜孫也。

后稷是播百穀，稷之孫曰叔均，是始作牛耕。大比赤陰，是始為國。用牛以耕，秦漢間始，未必叔均也。大比赤陰，未詳。或曰大能和比其赤子而廕之，始得以功而封國也。

禹、鯀是始布土，均定九州。炎帝之妻，赤水之子聽訞，生炎居，炎居生節並，節並生戲器，戲器生祝融。此亦互異其說。祝融降處於江水，生共工。共工生術器，術器首方顛，是復土壤，以處江水。共工生后土，后土生噎鳴，噎鳴生歲十有二。言噎鳴定十二歲之甲子以紀事，如生十日及生月十有二之說耳。洪水滔天，鯀竊帝之息壤，以堙洪水，不待帝命。帝令祝融殺

鯀於羽郊。息，生也，言廢生物之土地以塞洪水，所謂「汩陳五行，續用弗成」也。「不待帝令」，所謂「方命圮族」也。舊說迂怪不通。**鯀復生禹。帝乃命禹卒布土，以定九州。**

山海經存卷之九　終

跋

　　汪雙池先生未刻遺書二十餘種，藏於婺源余鄉賢公秀書先生家二百餘歲矣。其元孫彝伯明經始出其書於長安。趙展如中丞倡捐集資，次弟刊行，此其一也。曼萊與明經交最久，嘗讀其大父黼山年丈所編《汪先生年譜》，知汪先生工繪事，貧，傭於江西景德鎮畫瓷器，稟規矩，寡言笑。時方居喪，食蔬斷肉，市儈羣訕侮之。間為詩歌以見志，同人以為謗，不合而去，此殆當時所涉筆者歟？攷其圖，較吳氏、郝氏本為尤詳，顧闕六七兩卷，明經有遺憾焉，与其友查子圭繪以補之。明經告余曰：「當兵燹時，大父凡百不顧，先命偕健僕，負汪先生遺書以出，並諭之曰：『遺書藏我家歷五世矣，當共之性命，不可失也。』卒避於深山石室中，倖免焉。」是蓋先生手書真蹟，冥冥之中或有鬼神呵護耶？不然，何以董氏所鈔副本盡遭兵火而無存也？今明經克承先志，撫本石印，義也，亦孝也。以書見眎，屬識數語。以僕譾陋，挂名簡末，良用愧赧。顧念藏書苦心，世守弗替，尊師重道，有足以風末俗者，則又不可不書。爰誌其緣起如此，庶使後之覽者知莘源沱川間皆有紫陽之遺風焉。

光緒二十一年乙未仲冬，儀徵後學時曼萊謹跋

附　圖

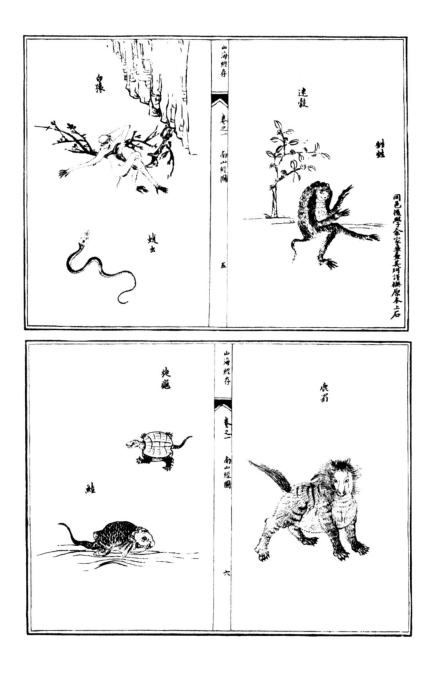

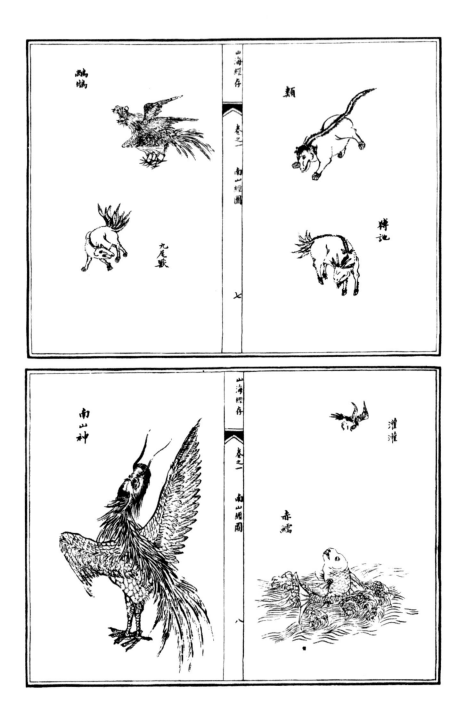

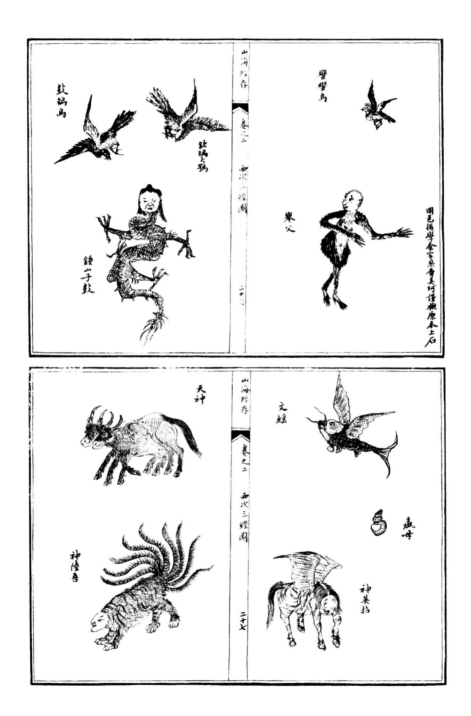

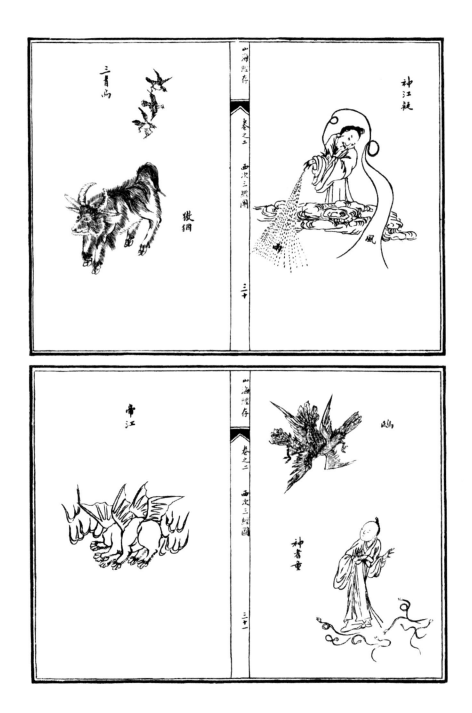

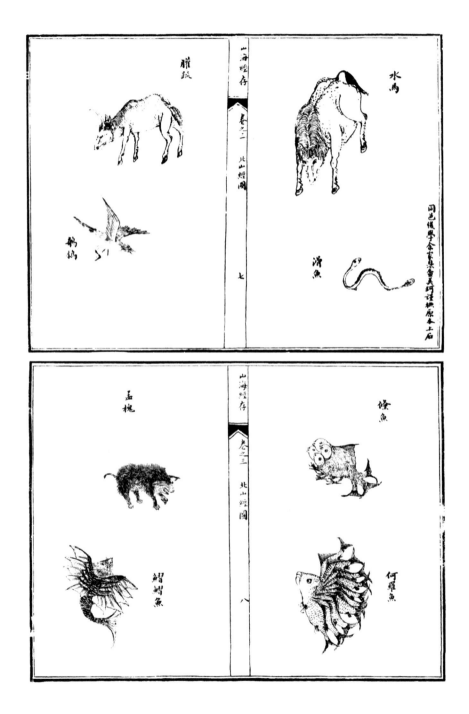

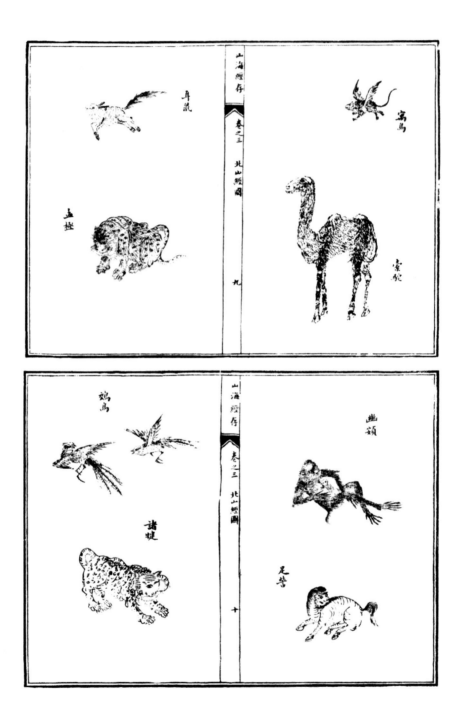

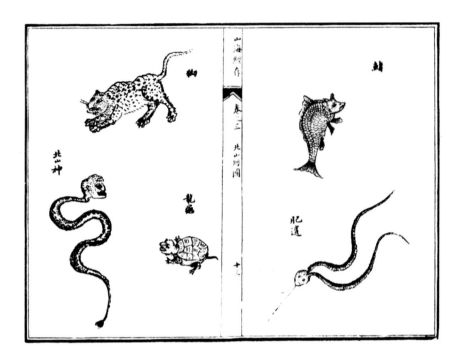

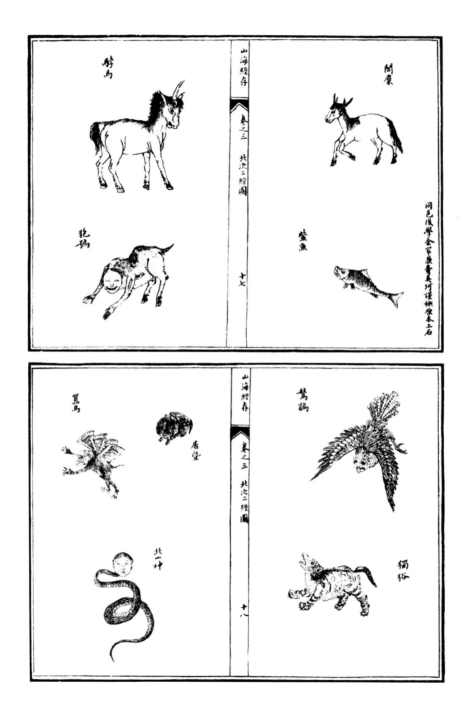

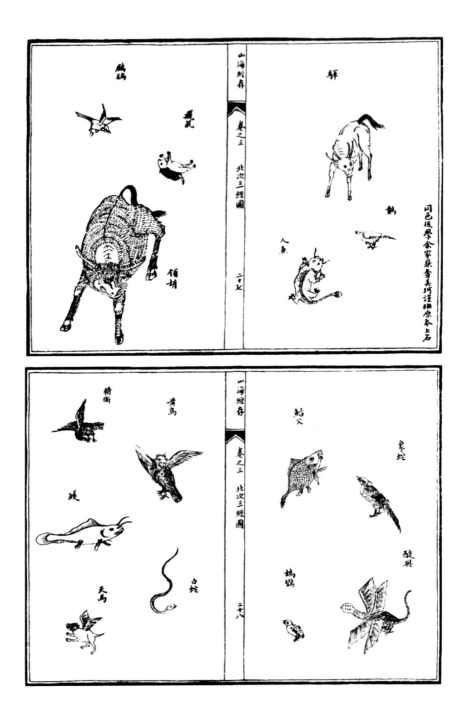

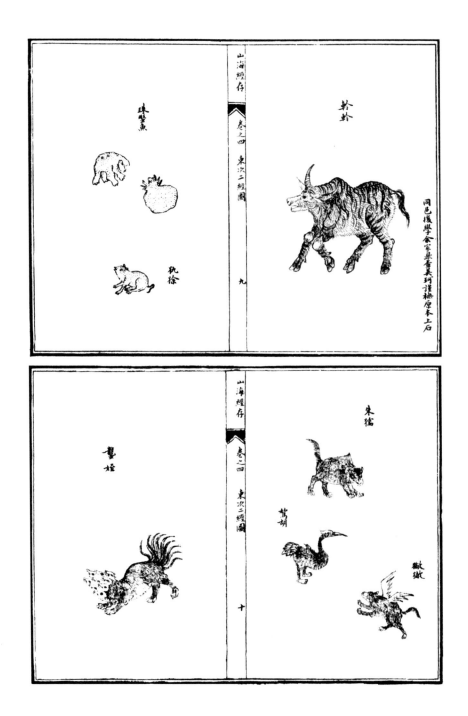

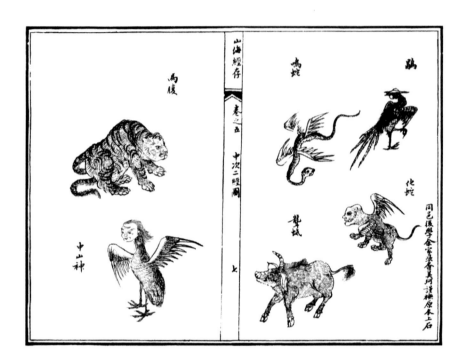

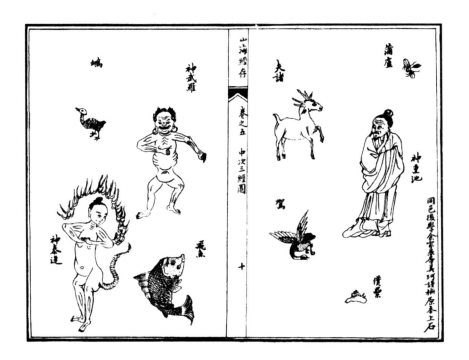

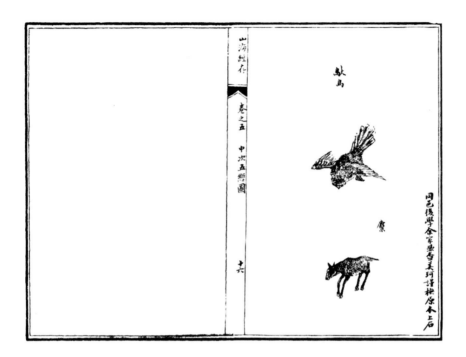

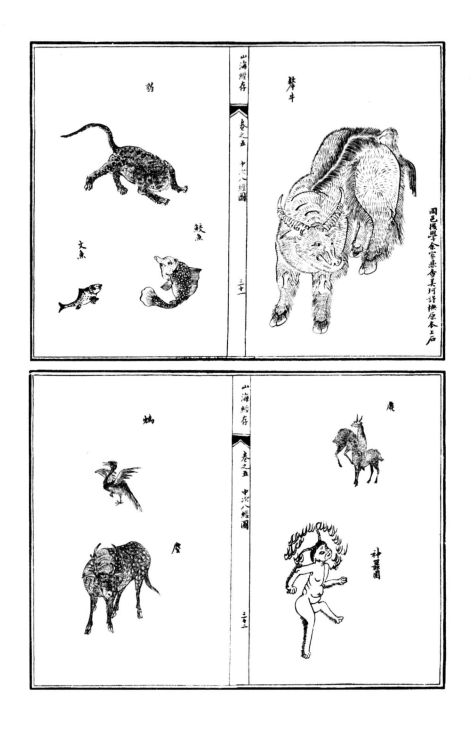

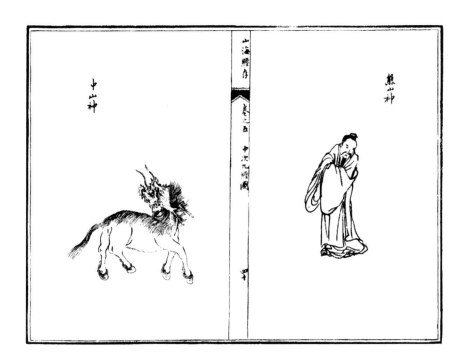

中山神

山海經存　卷之五　中次几經圖

熊山神

四十

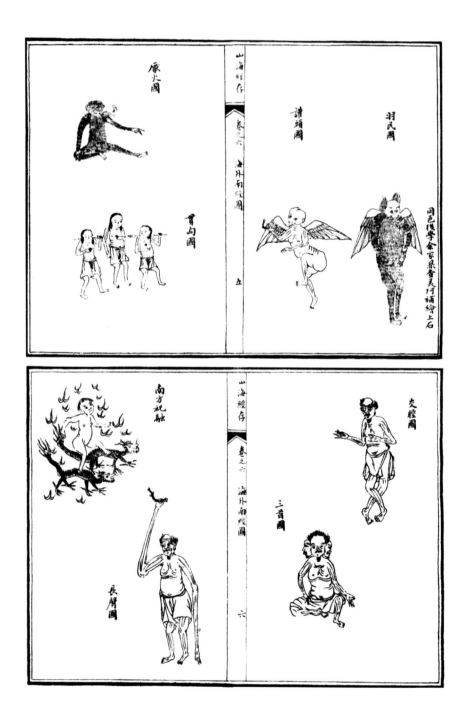

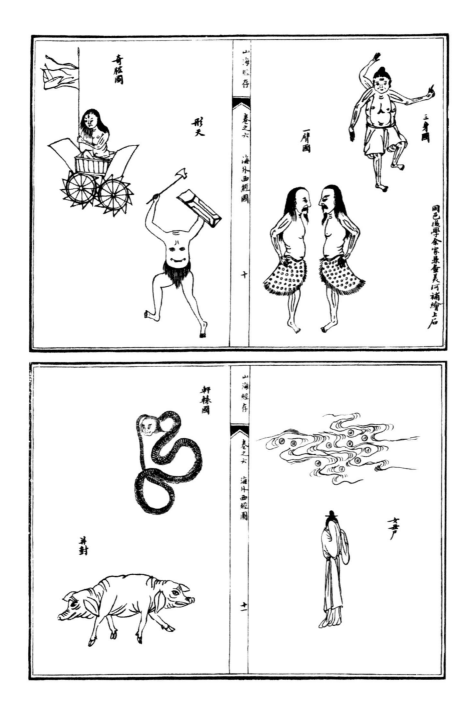

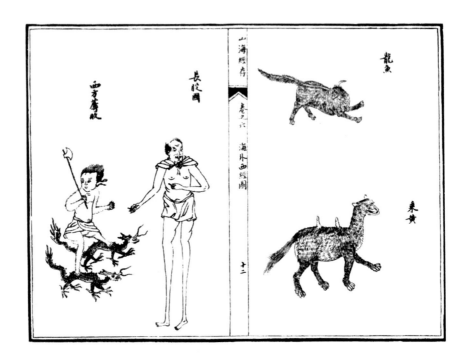

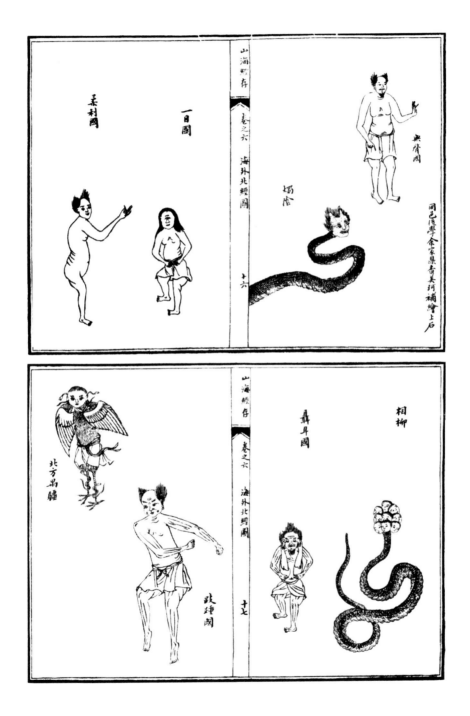

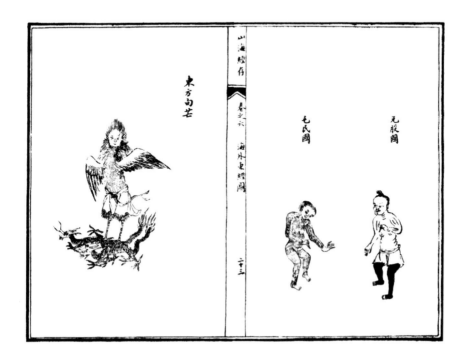

山海經存

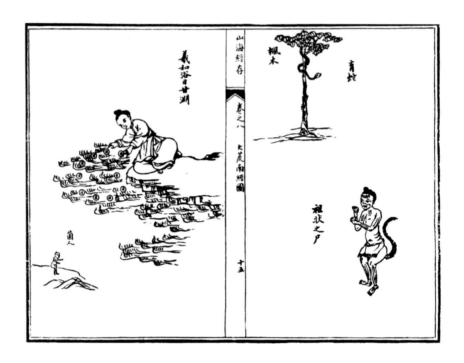

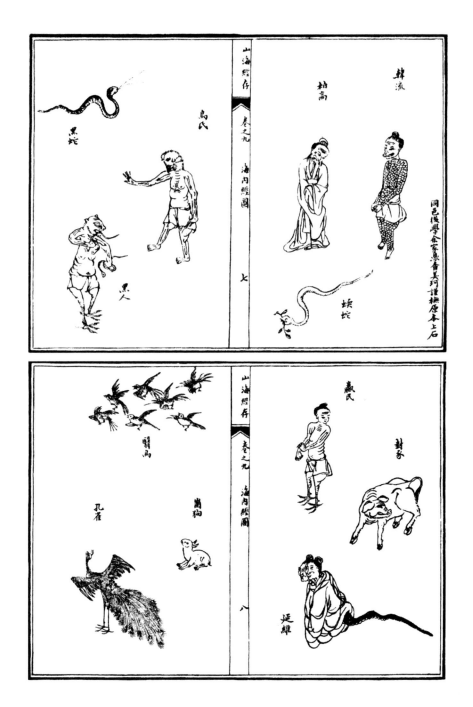